PRESENTATION 2
frère Xavier Pollart op

TITO DE ALENCAR 50 ANS DE L'ARRIVEE
AU COUVENT SAINTE-MARIE DE LA TOURETTE 5
Leneide Duarte-Plon

FRERE TITO ET LE DENI DE MEMOIRE AU BRESIL 16
Clarisse Meireles

TITO DE ALENCAR, VICTIME 23
Frère Alain Durand op

MIEUX VAUT MOURIR QUE PERDRE LA VIE… ? 28
Frère Xavier Plassat op

LA FECONDITE DE LA PASSION DE TITO DE ALENCAR 47
Guy Aurenche

Intervention durant la journée 59
Jean-Joseph Mesguen

Intervention durant la journée 62
Docteur Jacques Vedrinne

Photo de couverture : Tito de Alencar dans les Alpes françaises, photographié par son ami Daniel Béghin (été 1974) © Archives personnelles Magno Vilela

Présentation

Frère Xavier Pollart

En 1971, après son expulsion du Brésil, plus précisément son bannissement, le frère Dominicain Tito de Alencar arrivait à Paris, puis au couvent Sainte-Marie de La Tourette à Éveux, en 1973. C'était il y a 50 ans, l'occasion de rendre hommage à ce frère qui a payé de sa vie sa lutte contre la dictature alors en vigueur dans son pays.

Samedi 21 janvier 2023 (10 h-17 h), à l'occasion d'une journée organisée au couvent de La Tourette, Leinede Duarte Plon et Clarisse Meireles, auteures d'une biographie récente[1], ont présenté le contexte dans lequel se situe l'histoire tragique de Frei Tito et notamment la dictature militaire mise en place au Brésil en 1964. Frei Tito est arrêté et emprisonné en novembre 1969, avec six autres frères (Roberto Romano, Giorgio Callegari, João Caldas Valença, Ivo Lesbaupin, Fernando Brito et Frei Betto). Ces auteurs ont présenté les motifs politiques de leur incarcération, puis des tortures que trois d'entre eux ont subies. Clarisse Meireles a particulièrement présenté les enjeux de mémoire d'un tel récit, dans un contexte actuel d'oubli forcé.

Nous devions entendre frère Philippe Lefebvre qui devait faire résonner les nombreuses expressions du cri du pauvre dans la Bible. Retenu à Fribourg pour raisons de santé, c'est frère Alain Durand qui a pris la parole pour évoquer sur un

---

[1] *Tito de Alencar (1945-1974) : Un dominicain brésilien martyr de la dictature* (Karthala, 2020).

plan théologique la signification de la victime dans le registre de la foi chrétienne.

Frère Xavier Plassat a vécu avec Tito au couvent de La Tourette entre 1973 et 1974, alors qu'il était frère étudiant. Frère Xavier a témoigné du tourment psychologique dans lequel se trouvait Tito ; il n'a pas su « se remettre des tortures qu'il a subies » selon l'expression utilisée par le Dr Rolland qui l'a accompagné. Il s'est suicidé au cours du mois d'août 1974. Cette présence de Xavier auprès de Tito l'a profondément marqué puisque, avec l'accord de son Provincial, il a décidé plusieurs années après de s'engager auprès de la population des sans-terre du Brésil. En 1983, Xavier Plassat est chargé de rapatrier le corps de frère Tito. Il vit toujours au Brésil et poursuit la lutte contre le travail-esclave à la coordination de la campagne nationale de la Comissão Pastoral da Terra (CPT). La CPT fait partie des commissions pastorales de la conférence des évêques du Brésil. Elle a été créée pour défendre les paysans et assurer une présence solidaire et fraternelle auprès des populations rurales. Présente dans de nombreux diocèses, elle est engagée sur l'enjeu crucial du partage de la terre et contre la destruction de l'environnement.

Enfin, Guy Aurenche, avocat, militant des droits de l'homme, président d'honneur de la Fédération internationale de l'action des chrétiens pour l'abolition de la torture et ancien président du Comité catholique contre la faim et pour le développement (CCFD-Terre solidaire), a présenté la manière dont Tito de Alencar a contribué au développement de l'ACAT naissante. Dans ces actes, nous trouvons d'autres contributions, dont celles de personnes qui sont intervenues durant la journée.

De cette journée, nous retenons le témoignage poignant d'un frère qui, payant le prix fort, a tout donné pour la défense des plus petits, luttant contre un régime idéologique totalitaire qui n'hésite pas à utiliser le moyen de la torture pour asseoir son autorité. Cette histoire est tragique et les souffrances qui nous ont été rappelées ne peuvent pas nous laisser indemnes. Le récit de cette vie et les interventions que nous avons entendues nous interpellent. Entendant le cri de Tito, viennent à nous les cris de ceux dont la voix n'est pas entendue. Chacun repart avec à l'esprit une intranquillité proprement évangélique. « Heureux ceux qui sont persécutés pour la justice, car le royaume des Cieux est à eux », nous dit Jésus dans les Béatitudes (Mat 5, 10).

TITO DE ALENCAR 50 ANS DE L'ARRIVÉE AU COUVENT SAINTE-MARIE DE LA TOURETTE

Leneide Duarte-Plon

Je voudrais remercier les Dominicains en la personne du prieur Xavier Pollart pour cette invitation à Clarisse Meireles et moi-même pour parler de notre livre *Tito de Alencar (1945-1974) : Un dominicain brésilien martyr de la dictature* (Karthala, 2020).
Je voudrais rendre hommage au frère Henri des Roziers, grand enthousiaste de ce livre, et qui, malheureusement, n'a pas pu le voir traduit en français. Je voudrais remercier les frères dominicains Gabriel Nissim et Régis Morelon pour le soutien qu'ils ont apporté à la traduction française et à Bernadette Forhan qui a décidé de l'appui de l'ACAT quand elle en était la présidente. Je voudrais rendre hommage à Robert Dumont, qui a choisi notre livre pour sa collection « Signes des Temps ». Je voudrais remercier Robert Ageneau, qui a travaillé inlassablement avec le frère Paul Blanquart à l'édition française du livre.
Au Brésil, pendant le régime des généraux (1964-1985), la torture était niée par tous les représentants de l'État, civils et militaires, mais elle faisait partie de l'arsenal de la dictature et était la méthode privilégiée dans les séances d'interrogatoire des militants de gauche, y compris des prêtres et des frères d'ordres catholiques considérés comme « subversifs » par le régime militaire.

Après avoir passé quatorze mois en prison à São Paulo, après avoir été torturé pendant des semaines et avoir été sauvé d'une tentative de suicide *in extremis*, Tito de Alencar est arrivé en France, à Paris, en 1971.

C'est en janvier 1971 que le nom de Tito a été mis sur la liste de 70 prisonniers politiques qui devaient être libérés en échange de l'ambassadeur suisse Giovanni Enrico Bücher, séquestré en décembre 1970 par les révolutionnaires. Tito a embarqué avec les 69 prisonniers politiques vers Santiago bannis du territoire national par décret. Il était triste et abattu.

Ce troisième enlèvement d'un ambassadeur clôturait la série de captures de diplomates. La violente répression qui s'ensuit réussit à écraser la lutte armée après la prison et la mort de ses principaux leaders et des militants les plus importants. En septembre 1971, Carlos Lamarca a été fusillé. La dictature avait déjà abattu Carlos Marighella en 1969 et Joaquim Câmara Ferreira en 1970.

Tito de Alencar a été arrêté le 4 novembre 1969 au couvent des Dominicains de Perdizes, à São Paulo, avec d'autres confrères, la nuit de l'assassinat de Carlos Marighella, le leader révolutionnaire fondateur de l'Action de libération nationale (ALN), proche des Dominicains.

Les Dominicains français ont tout de suite appris leur emprisonnement et la torture atroce qui a accompagné les interrogatoires à São Paulo. À cette occasion, ils ont signé une lettre ouverte au cardinal Roy, président de la Commission Justice et Paix du Vatican. La lettre, écrite par Paul Blanquart, approuvée par le prieur Liégé, du couvent Saint-Jacques, à Paris, dénonçait la prison et la torture des frères dominicains brésiliens et garantissait la solidarité des Dominicains français signataires du texte. Blanquart raconte : « Pendant que je rédigeais le texte, Liégé téléphonait aux dominicains : les trois prieurs provinciaux de France, les principaux théologiens, les gens qui comptaient, dont on parlait médiatiquement. Donc, sur ce document-là, il y avait une petite vingtaine de signatures. On a modifié quelque chose à la demande de Congar, qui prenait ses distances par rapport aux méthodes violentes ; on a ajouté, pour plaire à Cosmao, la mention du père Lebret, qui avait été si important au Brésil. La lettre est finie à 7 h du matin. Chenu appelle Beuve-Méry, le directeur du *Monde*, avant qu'il ne rejoigne le journal où il réunissait le Comité de rédaction à 8 h du matin. »

Datée du 12 novembre 1969, la lettre fut publiée le 15 novembre par le journal *Le Monde*.

Pendant la dictature brésilienne (1964-1985), les résistants arrêtés, emprisonnés et jugés par la justice militaire d'exception, comme les dominicains, étaient moins susceptibles de disparaître que ceux dont la présence dans les prisons clandestines n'avait pas fait l'objet d'un procès. Mais ayant résisté à la dictature avec ou sans armes, ils étaient tous des « terroristes » pour le régime qui avait implanté le terrorisme d'État.

La presse européenne a aussi dénoncé la prison, les tortures et donné des nouvelles du procès des dominicains. Le pape Paul VI a été immédiatement mis au courant de l'emprisonnement des frères et a accompagné le procès de très près. Les dominicains lui ont envoyé depuis la prison une croix en bois taillée par eux-mêmes, avec les noms de tous les frères qui étaient prisonniers.

Le récit des tortures de Tito par le capitaine Albernaz est sorti clandestinement de la prison Tiradentes, à São Paulo, et a été publié dans la revue américaine *Look* et dans la revue italienne *L'Europeo*. Pour ce récit, *Look* a eu le prix de reportage de l'année de 1970, attribué par le New York

Overseas Press Club, l'association de la presse étrangère à New York.

Les opposants au régime qui avaient pu échapper à la prison et ceux qui avaient été échangés contre un des trois ambassadeurs enlevés ont vécu longtemps en exil, jusqu'à l'amnistie de 1979. Ceux qui ont tenté un retour au pays dans la clandestinité ont été exécutés.

En liberté, d'abord au Chili pour quelques semaines, puis à Paris, Tito a choisi le travail d'information : à travers les interviews, il a témoigné de ce qui se passait dans les prisons brésiliennes. À Santiago, il a donné une interview aux cinéastes américains Haskell Wexler et Saul Landau, qui réalisaient le documentaire *Brazil: a report on torture* (*Brasil, um relato de tortura*) avec les témoignages de certains des 70 Brésiliens libérés contre l'ambassadeur suisse. De passage à Rome, avant son arrivée à Paris, Tito a été interdit de parole au collège Pio Brésilien. Il avait été invité par des religieux, mais la haute hiérarchie romaine l'a empêché de parler aux étudiants, évoquant son passé de « terroriste ».

Par contre, il a donné plusieurs interviews à la presse, en Italie, en Allemagne et en France. À Paris, il a milité aux côtés de Brésiliens dans la dénonciation des tortures au Brésil.

Au couvent de la Tourette

Au couvent Sainte-Marie de la Tourette, où il s'est installé en 1973, le Dominicain espérait trouver un havre de paix et reprendre ses études de théologie. Au milieu de la nature, en haut de la colline, Tito a trouvé le silence, mais pas la tranquillité recherchée. Le 10 août 1974, le corps du religieux a été vu par un paysan, pendu à un arbre, dans un terrain abandonné, au bord de la Saône, près de Villefranche-sur-Saône. Tito a été enterré au cimetière du couvent.

Dans la préface de *Um homem torturado, nos passos de frei Tito de Alencar* (*Un homme torturé, dans les pas de frère Tito de Alencar*), le

titre de l'édition brésilienne, le philosophe Vladimir Safatle a écrit :
« Tito s'est suicidé le 10 août 1974 près de Villefranche-sur-Saône, non loin du couvent Sainte-Marie de la Tourette. La torture avait réussi à le détruire psychologiquement, transformant sa vie, par la suite, en un enfer de délires et d'hallucinations.
Son histoire est l'une des représentations les plus abouties de l'engagement de la gauche catholique dans la lutte contre les dictatures latino-américaines, engagement qui fut seulement un chapitre de la longue histoire de secteurs de l'Église catholique dans leur alliance avec des mouvements ouvriers communistes au XXe siècle. »
La dépouille de Tito a été transférée au Brésil en 1983, accompagnée par son confrère Xavier Plassat et par l'évêque Tomás Balduíno, Dominicain et l'un des fondateurs de la Comissão Pastoral da Terra , venu du Brésil pour la cérémonie et la messe à Lyon. Tito a été enterré dans sa ville natale de Fortaleza, Ceará.
Tito de Alencar Lima a choisi la mort pour échapper à la torture permanente que ses tortionnaires lui faisaient revivre jour et nuit dans ses hallucinations.
Le psychiatre et psychanalyste Jean-Claude Rolland, que nous avons interviewé pour le livre dit : « Tito vivait dans la conviction qu'il allait être d'un instant à l'autre tué. C'est ce qu'il a dû éprouver tout au long de son incarcération et des séances de torture. C'est ce qui m'a fait penser que dans son délire il ne faisait que reproduire ce qu'il avait vécu et dont il ne pouvait rendre compte qu'au travers de cette dramaturgie. La parole, les mots s'étaient désormais dérobés à lui. Il était condamné à la forme la plus violente d'exil : on l'avait exilé de la langue même des hommes. »

Le docteur Rolland continue : « Quand le tortionnaire introduit dans la bouche de Tito une électrode en disant qu'il lui présente l'hostie, le corps du Christ, on atteint par cet exemple ce qu'est l'aporie de l'acte tortionnaire : il s'agit de pénétrer l'intimité de l'autre, d'effracter l'intégrité de son esprit et de son corps, d'anéantir son individualité. La violence de la torture consiste *in fine* en ce refus passionné, totalitaire, de "l'altérité de l'autre". Elle est une barbarie de la négation, du négationnisme. Aussi faut-il se poser la question : que représentait Tito pour les tortionnaires et tous ceux qui soutenaient leur action ? Quelqu'un qui par sa personne et son histoire ébranlait les convictions rigides qui les animaient : il était un prêtre, mais qui se consacrait d'abord aux opprimés ; un intellectuel qui privilégiait l'assistance aux démunis, un homme qui excluait toute violence et ne se voulait qu'au service de l'amour, de la liberté et de la paix, toutes valeurs situées à l'opposé exact de celles de la dictature. Pour celle-ci, Tito était un symbole. C'est ce symbole que la torture voulait effacer en détruisant l'homme. »
Jean-Claude Rolland ajoute : « Vous pouvez du coup comprendre qu'à nous qui lui faisions face, quels que soient notre compassion et notre désir de l'aider, le même exil de la langue nous était imparti. Si nous ne pouvions pas parler avec lui, nous ne pouvions pas être avec lui. Il m'a fallu infiniment de temps pour prendre acte de cette forme tragique d'impuissance nous interdisant d'être avec lui, de parler avec lui, de prévenir le désastre qui l'attendait. J'ai commencé à en prendre la mesure lorsque je me suis demandé s'il parlait français ! Il parlait français, ses frères me l'ont confirmé. Ses frères me parlaient de lui, et beaucoup, et c'est par leur intermédiaire que j'ai pu connaître Tito et son histoire, c'est par leur intermédiaire que j'ai pu mettre en

place un dispositif de soins. Mais lui ne m'a jamais parlé. C'est sans doute l'expérience la plus violente que j'eus à traverser dans ma pratique. Elle a sidéré mon intelligence au point d'abolir en moi toute capacité de prévenir sa mort. Du coup, expliquer son suicide me semble dérisoire, peut-être impudique. Je préfère m'en tenir à ceci : la barbarie qui fonde la torture de certains hommes n'épargne aucun de ses contemporains. Il ne faut pas expliquer, il faut dénoncer l'illusion qui nous conduit à dénier la violence que les hommes peuvent exercer les uns contre les autres et affronter froidement l'obscurité de ce problème », conclut le Dr Rolland.

LE PASSÉ QUI NE PASSE PAS

Beaucoup de Brésiliens se demandent aujourd'hui comment après une si longue dictature – qui a généré tant de souffrance, de morts, de disparus et des milliers d'exilés – le Brésil a pu élire Jair Bolsonaro, en 2018, un ex-militaire nostalgique de cette dictature dont le héros est l'un des tortionnaires les plus connus de cette période. Dans son gouvernement, qui a pris fin le 31 décembre 2022, il y avait plus de généraux que dans le gouvernement Castelo Branco, le premier dictateur de la liste des généraux qui ont gouverné le Brésil à partir de 1964.

La réponse à cette question tient au fait que le Brésil n'a pas fait un travail de mémoire sur la dictature, n'a pas puni les responsables de la torture, à la différence de l'Argentine et du Chili. En 1979, le Congrès brésilien a voté une loi d'amnistie qui garantissait l'impunité à tous les militaires et agents de l'État responsables de crimes contre l'humanité comme la torture et les disparitions forcées.

Dans sa préface à mon livre *A tortura como arma de guerra-Da Argélia ao Brasil (La torture comme arme de guerre, de l'Algérie au*

Brésil), le philosophe Vladimir Safatle cite la sociologue américaine Kathryn Sikkink. Selon elle, on torture aujourd'hui au Brésil plus que l'on ne torturait pendant la dictature, mais les victimes de la torture ne sont plus des étudiants, des communistes, des socialistes, des intellectuels. Les victimes de la torture aujourd'hui sont les noirs, les pauvres qui sont incarcérés et qui peinent des années en prison sans procès, privés de justice. Ce sont les « damnés de la terre », les damnés d'une des sociétés les plus injustes de la planète, résultat du colonialisme brutal qui a dominé le pays pendant des siècles depuis 1500.

L'ami le plus proche de Tito de Alencar dans sa dernière année passée au couvent de la Tourette (1974), le frère Xavier Plassat, développe, depuis 1989, un travail pastoral dans l'État de Tocantins et coordonne la campagne de la Comissão Pastoral da Terra contre le travail esclave. Il a écrit, dans son beau texte de présentation de notre biographie de Tito de Alencar :

« Il nous faut écouter, restaurer et honorer avec justice les voix étouffées et les rêves de ces résistants et de ces combattants. Sans une constante élucidation de la vérité – en particulier sur les ténèbres les plus tragiques de notre histoire – deviennent incompréhensibles et insurmontables les manifestations récurrentes de violence et de barbarie qui continuent à marquer notre temps, dans les prisons, les commissariats, les favelas ou les grandes propriétés : la mise à mort de jeunes, de *"posseiros"*, de noirs, d'Indiens, de migrants, de travestis, de prostituées ; la traite des personnes, leur mise en esclavage ; la confiscation de l'espérance, la négation du bien-vivre. »

Vladimir Safatle nous encourage à témoigner et à raconter l'Histoire :

« Dans ce contexte d'invisibilité et d'oubli forcé, l'usage de la mémoire est un acte politique majeur car il empêche que le temps puisse extorquer des réconciliations purement formelles », écrit le philosophe.

L'ami brésilien le plus proche de Tito au couvent Saint-Jacques, à Paris, Magno Vilela, qui a quitté l'ordre pour se marier et vit aujourd'hui à São Paulo, nous a dit, à Clarisse Meireles et à moi :

« Avant l'engagement aux côtés de Marighella, nous pensions que notre générosité et la force de l'Évangile étaient suffisantes pour transformer la réalité. Nous nous sommes aperçus que les militaires et les autres acteurs de la dictature se revendiquaient, eux aussi, de l'Évangile. »

Aujourd'hui, beaucoup de ceux qui appartiennent à l'extrême droite au Brésil qui distillent un discours de haine et de destruction de l'adversaire politique, perçu comme un ennemi à abattre, se réclament de l'Évangile.

Ce dont nous sommes certains c'est qu'il ne s'agit pas du même Évangile de la Libération qui était à l'origine de l'action des frères dominicains aux côtés de Carlos Marighella. Grand nombre de religieux ont souffert la torture et l'exil.

Certains, comme Tito de Alencar, ont payé de leur vie.

Il faut rappeler que l'ex-président brésilien Jair Bolsonaro a dit que l'erreur des militaires brésiliens a été de ne pas avoir tué 30 000 « subversifs », comme le régime de Pinochet.

Le *mémoricide* (l'assassinat de la mémoire) et l'amnésie ont permis l'effacement de l'histoire du terrorisme d'État installé au Brésil de 1964 à 1985.

Ce *mémoricide* et cette amnésie ont été construits sciemment par la droite et par les militaires. Et la loi d'amnistie – qu'aucun président n'a pu abroger depuis 1985 – a garanti l'impunité des tortionnaires.

Et, finalement, c'est la complicité des médias qui a neutralisé le fabuleux travail de la Commission nationale de la vérité, dont le rapport a été rendu à la présidente Dilma Rousseff le 10 décembre 2014.

Je finis avec les mots de Tito écrits à la fin de son témoignage dans lequel il raconte les actes de torture dont il a été victime et qui a reçu un prix aux États-Unis en 1970 :

« Il faut dire que ce qui m'est arrivé à moi n'est pas une exception mais la règle. Ils sont très rares les prisonniers politiques brésiliens qui n'ont pas souffert des tortures indescriptibles. Plusieurs, comme Chael Schreider et Virgílio Gomes da Silva, sont morts sous les tortures. D'autres sont devenus sourds, stériles et ont gardé d'autres séquelles physiques. L'espoir de ces prisonniers politiques repose sur l'Église, la seule institution brésilienne qui ne soit pas sous le contrôle de l'État militaire. Sa mission est celle de préserver et de promouvoir la dignité de l'homme. Là où il y a un homme qui souffre, c'est le Maître qui souffre. Il est temps pour nos évêques de dire BASTA à la torture et à l'iniquité du régime avant qu'il ne soit trop tard.

L'Église ne peut pas se taire. Les preuves de la torture, nous les portons sur nos corps. Si l'Église ne se lève pas contre cette situation, qui pourra le faire ? Ou serait-il nécessaire que je meure pour qu'une attitude résolue soit prise ? En ce moment, le silence est une omission. Si la parole est un risque, elle est davantage un témoignage. L'Église existe en tant que signe et sacrement de la justice de Dieu dans le monde.

"Car nous ne voulons pas que vous l'ignoriez, frères la tribulation qui nous est survenue. Nous avons été accablés à l'excès au-delà de nos forces, à tel point que nous désespérions même de conserver la vie. Vraiment, nous avons porté en nous-même notre arrêt de mort, afin

d'apprendre à ne pas mettre notre confiance en nous-même mais en Dieu, qui ressuscite les morts." (2 *Épître aux Corinthiens* 1, 8 et 9.)
Je fais cet appel et cette dénonciation pour éviter demain la nouvelle d'un autre mort sous la torture. Signé : Frère Tito de Alencar Lima, op, février 1970. »

Je vous remercie de votre attention.

Frere Tito et le deni de memoire au Bresil

Clarisse Meireles

Lorsque j'ai été invitée, en 2012, par Leneide Duarte-Plon à écrire avec elle le livre *Tito de Alencar, un dominicain brésilien martyr de la dictature* – paru au Brésil en 2014 et en France en 2020 – j'ai pu confronter ma propre ignorance et mes immenses lacunes sur la période, y compris sur le rôle fondamental des secteurs progressistes de l'Église catholique dans la résistance à la dictature qui a durée de 1964 à 1985.
Et j'ai pu constater à quel point ce manque de mémoire collective était un projet très réussi dans mon pays.
Dans treize mois, en avril 2024, les Brésiliens vont commémorer les six décennies du coup d'État militaire qui a destitué le président João Goulart pour mettre à la place une dictature sanguinaire.
Comment cette histoire sera-t-elle racontée par les différents acteurs politiques du pays ?
Quels récits seront construits par l'opinion et par le gouvernement ?
Des questions qui restent ouvertes en ce premier mois du troisième mandat présidentiel de Lula, confronté en ce moment même à des chefs militaires qui n'ont toujours pas accepté ni la « redémocratisation » établie en 1985 ni la défaite du capitaine de l'armée Jair Bolsonaro, lui-même un défenseur du régime militaire et dont l'élection, en 2018, a été un symptôme important d'un déni de mémoire que je développerai ici.

Le 8 janvier 2023, une semaine après l'investiture de Lula, les sièges des trois pouvoirs de la démocratie brésilienne ont été envahis et saccagés par des milliers de manifestants radicaux qui continuent de contester le résultat des élections de 2022. Un sondage réalisé les jours suivant les attaques montre que 10 % des personnes consultées soutiennent le retour d'une dictature militaire.

Comment est-ce possible, au vu de tout ce que ce régime a commis comme atrocités contre son peuple, dont Tito de Alencar est un exemple parmi des milliers ?

Quel travail de mémoire n'a pas été fait, quelle démocratie n'a pas été construite ?

La dictature militaire brésilienne ne nous a pas seulement volé 20 ans de démocratie.

Ce manque démocratique persiste dans la violence policière et dans la violation systématique des droits de l'homme, dans la politique officielle de sécurité, dans la précarité de l'éducation et de la santé publiques.

De même, ce manque démocratique survit dans un modèle médiatique hyper concentré, dans les mains d'une poignée de familles, des médias qui répètent sans cesse que « tous les politiques sont des corrompus », méprisant la militance politique, conduisant à la dépolitisation d'une grande partie de la population.

De tous les héritages néfastes de cette période, celle qui me choque le plus est le déni de mémoire collective.

C'est ce déni de mémoire qui explique le fait que ma génération ne connaît pas l'histoire de frère Tito de Alencar, mort en 1974, victime des tortures subies dans les mains de l'État brésilien, entre novembre 1969 et janvier 1970.

Seul ce refus d'un travail de mémoire peut expliquer qu'aujourd'hui encore les manuels d'histoire adoptés dans les Écoles militaires du pays traitent le coup d'État comme une

« révolution menée par des groupes modérés, respectueux de la loi et de l'ordre » pour sauver le Brésil du communisme. Les forces armées ont confirmé leur compromission avec le passé de la dictature en boycottant les travaux de la Commission nationale de la vérité, établie en 2011, par la présidente Dilma Rousseff. Ils ont agi en coulisses pour que le résultat de la Commission ne génère aucune punition et aucun changement de la loi.

Histoire et imaginaire

Je suis née en 1976, dans une famille de gauche – mon grand-père, Silo Meireles, appartenait au Parti communiste brésilien et a été le leader du soulèvement communiste de Recife, en 1935, rapidement et violemment réprimé par le gouvernement.

J'ai toujours été émue par l'histoire de la vie de ce grand-père que je n'ai pas connu, qui a passé 10 des 57 années de sa vie en prison.

Toute ma scolarité s'est faite dans une école méthodiste, progressiste, humaniste, où j'ai eu d'excellents professeurs d'histoire et géographie.

Pourtant, en me plongeant dans la littérature et l'historiographie de la dictature, je me suis rendu compte de mon ignorance quasi totale sur certaines des personnes les plus généreuses et courageuses que mon pays ait jamais connues.

Par ailleurs, les dictateurs sont toujours présents dans la mémoire collective et la vie quotidienne des Brésiliens.

Le grand pont qui sépare Rio de la ville voisine, Niteroi, rend hommage au général Costa e Silva, le deuxième des généraux qui ont dirigé un régime illégal et illégitime.

Et les avenues, les écoles, les ponts, les stades qui rendent hommage aux généraux de la dictature sont présents partout à travers le Brésil.

Ce sont eux qui peuplent encore nos territoires réels et imaginaires aussi bien que nos livres d'histoire, qui ignorent encore aujourd'hui les femmes et les hommes qui, comme Tito de Alencar, ont résisté et risqué leur vie pour un projet de pays plus juste.
En 2010, lors de la campagne présidentielle, la candidate de la gauche Dilma Rousseff a subi une campagne de diabolisation pour avoir appartenu à un groupe révolutionnaire de lutte contre la dictature.
Il est important de saluer des efforts spécifiques déployés pour retirer des hommages aux dictateurs, comme le projet *Cartographies de la dictature*, qui répertorie les lieux de mémoire liés à la fois à la résistance et à la répression dans l'État de Rio de Janeiro.
À São Paulo, ville où Tito de Alencar a été torturé, la rue qui portait le nom de son tortionnaire, le commissaire Sérgio Fleury, a été rebaptisée rue Tito de Alencar en 2021.

Aveuglement collectif

Cet aveuglement collectif est une construction permanente qui explique, par exemple, la banalisation des atrocités commises par les polices militaires des États encore aujourd'hui. Depuis des années, l'ONG *Amnesty International* classe la police brésilienne parmi les plus meurtrières du monde.
Les policiers militaires bénéficient d'une totale impunité et cela n'a pas commencé avec la dictature. La police a toujours tué et torturé des pauvres dans notre pays.

Pendant la dictature militaire, des militants ouvriers ou issus de la classe moyenne ont pu expérimenter cette violence faite au nom de la « guerre antisubversive » et de l'anticommunisme. Les prisons arbitraires et la torture sont devenues une politique d'État et la presse, censurée, ne pouvait pas dénoncer ces crimes.

Le projet du livre sur Tito de Alencar m'a aussi énormément intéressée du fait que le parcours du frère Dominicain met en lumière le rôle fondamental des secteurs progressistes de l'Église catholique dans la résistance à la dictature.

Comme l'a déclaré Tito dans une interview en 1972, « l'Évangile apporte une critique radicale de la société capitaliste. Les thèmes de l'espérance, de la pauvreté et du messianisme, qui sont profondément bibliques, sont à la source du mouvement révolutionnaire. Je ne vois pas vraiment comment être chrétien sans être révolutionnaire ».

J'ai pu découvrir que l'engagement de Tito et de ses confrères était la mise en pratique de ce qu'a prôné le Concile Vatican II : l'œcuménisme et l'élargissement des espaces de la foi catholique à la vie quotidienne, en approchant les personnes les plus vulnérables, ce qui était le travail des communautés ecclésiales de base au Brésil. Celles-ci, avec les syndicats et l'université, ont été un des trois piliers à l'origine de la création du Parti des travailleurs, en 1980.

Malgré l'hostilité du Vatican sous Jean-Paul II à l'égard de la théologie de la libération, j'ai pu découvrir que de nombreux religieux croient, vivent et prêchent encore une foi transformatrice, comme en témoigne la Comissão Pastoral da Terra (CPT).

L'ami le plus proche de Tito dans la dernière année de sa vie, le frère Dominicain français Xavier Plassat, exerce son travail pastoral en Amazonie depuis 1989 et est actuellement le coordinateur de la campagne de la Comissão Pastorale da Terra contre le travail analogue à l'esclavage.

Pour écrire la biographie de Tito de Alencar, nous avons interviewé plus de 30 personnes qui ont connu Tito dans sa courte vie. Parmi eux, sa sœur Nildes, qui l'a élevé, et l'ancien député fédéral José Genoino, qui a milité avec Tito à Fortaleza, dans l'activisme de la Jeunesse étudiante catholique (JEC). En France, nous avons interviewé son psychiatre, Jean-Claude Rolland, et la plupart des frères français et brésiliens qui ont vécu avec lui en exil.

Au Brésil, nous avons interviewé ses confrères dominicains du couvent des Perdizes, qui assuraient un soutien logistique à l'Action de libération nationale (ALN) de Carlos Marighella, comme les frères Ivo Lesbaupin, Fernando Brito, João Caldas Valença, Magno Vilela, Oswaldo Resende et Frei Betto.

Nous avons également eu l'occasion de nous entretenir avec plusieurs résistants de groupes de lutte armée ainsi qu'avec de nombreux prisonniers politiques, libérés avec Tito en échange de la vie de l'ambassadeur suisse Giovanni Bücher, enlevé en 1970, par des groupes armés.

De nombreuses portes et archives nous ont été ouvertes, comme les précieuses archives de Magno Vilela, ancien Dominicain qui a vécu en exil à Paris au couvent Saint-Jacques, comme Tito, et aujourd'hui historien à São Paulo.

Réponse politique

En 1973, frère Tito faisait déjà une critique de la lutte armée lorsqu'il écrivait : « Il est nécessaire et urgent de répondre politiquement à la dictature. De ce point de vue, je pense que la lutte armée, en tant que principale forme de lutte, est une erreur. »

Raconter l'histoire de la résistance à la dictature est une contribution importante pour la démocratie brésilienne.

C'est le déni de mémoire qui a permis l'élection de Bolsonaro, un défenseur de la dictature militaire, d'un régime militaire qui n'a jamais vu ses crimes punis grâce à la loi de 1979 qui a amnistié tous les crimes du régime. Ce déni de mémoire et de justice a permis à l'ex-président de nommer 8000 militaires à des postes dans le gouvernement fédéral pendant ses quatre années de mandat, y compris le vice-président et plusieurs ministres.

Ce déni de mémoire et de justice est aussi à l'origine des attaques des sièges du pouvoir à Brasilia, le 8 janvier 2023.

L'enquête déjà ouverte et les procès qui s'annoncent sont des opportunités de punir les responsables des attaques, de toute évidence manipulés par les militaires. Ces procès devraient aussi susciter le débat sur des crimes contre l'humanité commis par la dictature – lacune qui a des impacts permanents et cruciaux sur la politique et la société brésiliennes.

Comme l'écrit Vladimir Safatle dans la préface du livre sur Tito de Alencar, « dans ce contexte d'invisibilité et d'oubli forcé, l'usage de la mémoire est un acte politique majeur, car il empêche que le temps puisse extorquer des réconciliations purement formelles ».

Tito de Alencar, victime

Frère Alain Durand, op

Que signifie, dans la perspective de la foi chrétienne, être victime de tortures qui dépossèdent un être humain de sa propre vie au point de le conduire à la mort ?
Qu'est-ce qui est caractéristique de la position de victime ?
Il y a les victimes des tremblements de terre, des tsunamis, des volcans rentrant en ébullition, en un mot les victimes de choses qui se déchaînent. Généralement – mais pas toujours – l'homme n'a rien à voir là-dedans. Pas toujours… on sait que des événements climatiques extrêmes relèvent de notre comportement et donc de notre responsabilité, mais en général indirectement, au sens où ces effets négatifs ne sont pas voulus ni provoqués pour eux-mêmes.
Ici, avec Tito, nous avons affaire à une victime qui est intégralement située dans le champ relationnel humain. Il n'y a là rien qui soit imposé par la nature. Il s'agit d'un être humain qui est victime d'autres êtres humains. On change complètement de niveau. La victime, en tant que telle, est intégralement inscrite comme victime dans un champ relationnel humain. L'acte de destruction de l'autre est une décision humaine, un acte de liberté, et dans le cas du commissaire Fleury, le tortionnaire de Tito, l'acte d'un homme qui incarne à ses propres yeux la vérité, le bien contre le mal, mal qui est incarné dans un autre.
Une des perversions de la torture est que la victime, qui est située, comme le tortionnaire, dans le champ humain, est traitée comme n'y appartenant plus : la victime est considérée comme déchue de son humanité et ne doit donc

plus être traitée comme un humain. On suppose par là même qu'il y a une bonne façon d'être un humain, une façon normative au point que celui qui y déroge n'a plus à être traité comme humain.

La victime est un humain déchu. Le bourreau est l'artisan de cette déchéance. Il ne s'agit pas seulement de maltraiter l'autre, il s'agit de lui inculquer la conviction de sa propre déchéance. Pour Tito, il s'agissait de lui inculquer la certitude qu'il avait trahi son peuple, son Église, ses frères. Il s'agit de réduire l'autre à la déchéance qu'on lui inculque.

Tout acte qui réduit un autre à la situation de victime est une reprise de la victimisation opérée sur Jésus de Nazareth.

Comme croyant, nous pensons que ce qui est arrivé à Jésus de Nazareth a une signification universelle. La Passion subie par Jésus est un événement historique, donc limité dans le temps comme tout événement, mais, du fait de la Résurrection du Christ – celui qui est ressuscité est celui qui a été crucifié –, cet événement singulier dépasse les limites historiques de sa réalisation pour revêtir une portée universelle sur l'ensemble de l'histoire humaine. Toute torture infligée aujourd'hui à un homme, quel qu'il soit – je veux dire quelles que soient ses croyances, sa religion, sa race, sa position sociale, son éducation, – peut être comprise comme la réactualisation dans notre histoire de la Passion du Christ. Il ne s'agit pas simplement d'une imitation, d'une ressemblance extérieure, d'une nouvelle représentation d'une scène déjà jouée dans le passé, mais d'une réelle actualisation de la Passion du Christ dans notre monde. La passion de Tito est la Passion du Christ aujourd'hui continuée. Tito souffrant, comme tous les torturés de notre temps, est le Christ souffrant présent dans notre histoire.

Je voudrais citer maintenant Jon Sobrino, un des grands théologiens de la libération. Il écrit ceci : « On peut affirmer que le peuple crucifié est le corps du Christ crucifié dans l'histoire. Mais la réciproque est également vraie : le peuple crucifié actuel nous permet de mieux connaître le Christ crucifié. Il est la tête de ce corps et en lui nous pouvons voir le serviteur souffrant de Yahvé et comprendre son mystère de lumière et de salut. » (Jésus Christ libérateur, p. 475.)

Le « serviteur souffrant de Yahvé » : l'auteur fait ici allusion à ce que l'on appelle les *Chants du Serviteur*, textes célèbres du prophète Esaïe. Originellement, ces textes ont sans doute été une expression de la souffrance du peuple juif et non pas d'une personne individuelle, mais leur reprise dans la tradition chrétienne y a vu une expression de la Passion du Christ. Nous pouvons à notre tour les lire aujourd'hui comme exprimant l'incorporation du peuple souffrant aujourd'hui à la Passion du Christ.

Pour mémoire, voici quelques extraits des chapitres 50 et 53 d'Esaïe :

« J'ai livré mon dos à ceux qui me frappaient, mes joues à ceux qui m'arrachaient la barbe ; je n'ai pas caché mon visage face aux outrages et aux crachats. » (Es. 50, 6.)

« Il était méprisé, abandonné de tous, homme de douleurs, familier de la souffrance, semblable au lépreux dont on se détourne ; et nous l'avons méprisé, compté pour rien. Pourtant, c'étaient nos souffrances qu'il portait, nos douleurs dont il était chargé. Et nous, nous pensions qu'il était châtié, frappé par Dieu, humilié. Or, c'est à cause de nos fautes qu'il a été transpercé, c'est par nos péchés qu'il a été broyé. Le châtiment qui nous obtient la paix est tombé sur lui, et c'est par ses blessures que nous sommes guéris. » (Es. 53, 3-5.)

« Brutalisé, il s'humilie ; il n'ouvre pas la bouche, comme un agneau traîné à l'abattoir, comme une brebis devant ceux qui la tondent : elle est muette, lui n'ouvre pas la bouche…

Oui, il a été retranché de la terre des vivants… » (Es 53, 7 ; 8b)

La passion de Tito n'est pas une imitation ni une reproduction de la Passion du Christ, mais elle est une incorporation dans la Passion du Christ. La passion de Tito est véritablement l'actualisation parmi nous de la Passion du Christ, elle la rend aujourd'hui présente. Et nous pouvons dire de même que la Passion du Christ est au cœur de celle de Tito et de tous les torturés de notre histoire. Pour le dire en d'autres termes, la Passion du Christ est réellement présente dans celle de Tito, comme la passion de Tito et de ses compagnons de malheur était déjà annoncée dans celle du Nazaréen. La Passion du Christ est présente en celle de Tito d'une façon tout aussi réelle que le Christ est présent dans le partage du pain eucharistique.

L'actualité de la passion de Tito ne vient pas d'abord du souvenir que nous pouvons entretenir à son sujet, mais de l'actualité de la torture dans notre monde. Il me semble que nous pouvons avoir ce regard singulier qui consiste à éclairer la passion de Tito non seulement à partir de la Passion du Christ, mais de toutes les passions subies par les torturés de notre temps. Ce qui libère la commémoration de la mort de Tito de n'être que la célébration d'un drame du passé, ce sont les souffrances et les morts de tous les torturés d'aujourd'hui. Pascal a écrit : « Jésus sera en agonie jusqu'à la fin du monde. Il ne faut pas dormir en ce temps-là. » Oui, l'agonie et les souffrances de Jésus se poursuivent au cœur de notre actualité. Si nous allons jusqu'au bout de notre foi, nous pouvons affirmer qu'il ne peut y avoir de foi en la résurrection sans lutte contre la torture qui sévit aujourd'hui dans le monde.

La passion de Tito et la Passion du Christ sont réellement présentes dans la passion des torturés d'aujourd'hui.

Mieux vaut mourir que perdre la vie… ?

Frère Xavier Plassat, op

Avec Tito : des reves en commun…

Ce sont des connexions improbables qui font que je me suis retrouvé un jour au Brésil, voici 40 ans, en mars 1983, emportant vers sa terre de Fortaleza le corps de frère Tito. Parmi ces connexions, il y a cet « apprentissage militant » que je dois à mes années d'engagement à la JEC (Jeunesse étudiante chrétienne), mouvement d'action catholique grâce auquel j'ai pu, en partie, échapper aux déterminations de mon milieu social et de mon parcours scolaire, ceux d'un enfant d'ingénieur qui a vécu enfance et adolescence dans une petite ville minière du nord de la France, côtoyant corons et maisons « de maître », et très tôt intrigué par les contrastes sociaux brutaux, visibles à l'œil nu. Dès ces années de JEC, vécues entre 1962 et 1967 dans le diocèse de Cambrai, en vibrant diapason avec le Concile Vatican II, j'ai eu connaissance de ces tentatives de réinvention ecclésiale et théologique dont les premières CEB's d'Amérique latine nous envoyaient la Bonne Nouvelle. Dès ces années, quelque part, j'associais Amérique latine et projet d'un monde différent, en acte de libération. Le printemps de 1968, celui de mes 18 ans, vécu en plein Quartier latin, ne me trouva donc pas tout à fait innocent ou *« despreparado »*.

Ma premiere relation avec Tito : une relation d'amitie

Je ne peux pas oublier ce jour de septembre 1973, le 12, au lendemain du putsch de Santiago du Chili contre Salvador Allende. Je rentrais de voyage. Fr. Roland Ducret me dit : « Ce matin, on a trouvé Tito, assis par terre, sur le stationnement qui est devant la porterie du couvent, au pied d'un arbre, prostré, gémissant... Personne ne comprend ce qu'il dit. »

Apparemment, Tito était là depuis des heures. Quand je suis arrivé, il était 9 ou 10 h. Ducret m'a demandé simplement : « Qu'est-ce que tu peux faire, toi qui le connais un peu ? » (Tito était arrivé chez nous depuis le printemps et nous avions sympathisé.)

Ce moment-là a été décisif pour tout le reste. Pourquoi ? Parce que je me suis simplement assis à ses côtés, au pied de l'arbre, et puis j'ai simplement été avec lui, sans rien comprendre non plus. Il gémissait. Parfois il criait. Ce n'est qu'au fil des heures de toute cette journée et de la nuit qui a suivi que j'ai commencé à comprendre par bribes apparemment décousues le drame que Tito vivait à mes côtés... Il me montrait Saint-Pierre-la-Palud, un des villages de l'autre côté de la vallée. Dans son français encore malhabile, il l'appelait Saint-Pierre-la-Police. Il y avait là-bas, selon lui, un haut-parleur dans lequel Fleury, son tortionnaire, vociférait contre lui : « Tito, je t'ai retrouvé, et maintenant tu ne peux plus m'échapper. Rends-toi donc ! Les Dominicains ne veulent plus de toi. L'Église ne veut plus de toi. Tu n'as pas le droit de pénétrer dans ce couvent. Tu es un traître. Attends-moi, j'arrive. Rends-toi donc ! Si tu ne te rends pas, alors je continuerai à cuisiner chacun de tes dix frères et sœurs et puis j'ai aussi ta mère et ton père sous la main, et je terminerai par eux. » Tito entendait leurs cris. Je ne pense pas avoir inventé cela. Tito me l'a fait comprendre, mystérieusement. On a ainsi passé toute la journée, sans boire ni manger quoi que ce soit. Je lui ai même suggéré d'aller voir sur place à Saint-Pierre-la-Palud (où résidait alors une petite communauté filiale de notre couvent). En vain.

À un certain moment – on était déjà entrés dans la nuit et il avait commencé à pleuvioter, j'ai dit à Tito : « Je vais lui parler, moi, à ton Fleury. » Et je suis allé parler à Fleury derrière l'arbre. Je suis revenu vers Tito et lui ai dit : « Il est d'accord, je peux te préparer une tasse de café, et on peut s'installer dans une voiture sur le parking pour s'abriter de la pluie. » Je sentais bien qu'il ne fallait pas insister pour qu'il entre dans la maison, dans notre couvent. J'ai donc fait cette proposition. Dans mon idée – j'avais juste 23 ans et je ne connaissais pas grand-chose en psy – je me disais : « Je vais m'accorder un petit répit, peut-être glisser un comprimé de Valium dans le café et voir si ça va se tasser. Et on verra bien demain… » C'est ce que j'ai fait. Il a accepté le café. Pour nous protéger de la pluie, on s'est installés dans une 2CV stationnée tout près. Puis : « Je vais te chercher une couverture et je reviens. » Quand je suis revenu, Tito était de nouveau assis au pied de l'arbre.
C'est pour moi ce long moment passé ensemble qui m'a révélé l'étendue de la tragédie… Je savais de Tito qu'il était réfugié, qu'il était arrivé à Saint-Jacques à Paris après avoir transité par le Chili et l'Italie et on m'avait dit : « Ça ne se passe pas bien à Paris, il voit des flics partout, il délire. » Ce n'était d'ailleurs pas impossible qu'il y en ait, car il y avait alors beaucoup de flics infiltrés parmi les réfugiés latino-américains. Tito avait relaté une altercation qu'il avait eue avec des gens dans un bar parisien : « On te connaît, toi ! » Il se sentait pisté, et les frères avaient pensé qu'il n'était pas bien qu'il reste à Paris. Nous avions à La Tourette une

communauté au nombre plus réduit qui, de loin, était vue comme une communauté de style plus familial, plus rural, plus tranquille, plus « paumé ». Donc on l'y a envoyé, pensant qu'il y serait mieux et c'est comme cela qu'on s'est connus.

Voilà les petites informations que j'avais envie de partager avec vous. J'en aurais d'ailleurs un peu plus parce que, en réfléchissant, je me rends compte que pendant mes quatre années d'études à Paris, dans ma chambrette de bonne, j'avais collé sur le mur, un poster de Marighella. Le visage de Marighella m'a ainsi accompagné pendant quatre ans. Je suivais alors dans *Le Monde* les épisodes de la répression et de l'emprisonnement des frères dominicains au Brésil. C'était entre 1967 et 1971. J'avais donc déjà une petite idée de cela. En lisant les nouvelles, j'apprenais qu'ils étaient eux aussi connectés avec l'Action catholique et moi, à la JEC puis à l'Action catholique universitaire, on se sentait mobilisés, enthousiastes que nous étions de ce qui nous venait d'Amérique latine parce que, pour nous, c'était celle-là, l'Église qu'on voulait aussi faire advenir ici. Elle allait dans le sens et plus avant encore que le Concile Vatican II qui, lui aussi, nous mobilisait beaucoup. Oui, j'ai eu la chance d'avoir 18 ans en mai 68 et d'étudier dans le Quartier latin, près de nos frères Henri Burin des Roziers et Jean Raguénès, alors à l'aumônerie du Droit, bien que j'aie à l'époque peu fréquenté le Centre Saint-Yves, car j'étais sur une autre aumônerie, à Saint-Guillaume, chez les Jésuites (!!). Comme je l'ai dit plus haut, tout cela m'avait déjà attiré, intéressé et même passionné. C'est de cette Église que je voulais, c'est cette société, ce mouvement social qui m'intéressaient. Et dans la relation que j'ai alors établie avec Tito, il y avait sans doute beaucoup de cela : on n'avait pas d'histoire en commun, mais on avait des rêves en commun.

Voilà : c'est comme cela que je suis entré dans cette histoire.

TITO : UN SUICIDE...

Je vais vous parler « d'abondance du cœur »...
Nous parlons ici d'un suicidé et savons bien qu'un tel geste, ça ne « s'explique » pas.
Nous avons beaucoup discuté avec le Dr Jean-Claude Rolland, bien représenté ici par le Dr Jacques Vedrinne qui faisait équipe avec Jean-Claude Rolland et Michel Gillet. Ces deux médecins ont accueilli Tito au Pavillon N, Centre des urgences de l'hôpital de Grange Blanche, à Lyon, le matin qui a suivi la scène que je vous ai décrite au début.
En effet, après que nous avons eu terminé la nuit passée à la belle étoile sur le parking, au petit matin, j'ai demandé aux frères où l'on pourrait bien l'emmener et nous nous sommes alors rappelé que l'un de nos ex-frères, Michel Gillet, était devenu médecin psychiatre aux urgences de Grange Blanche. C'est ainsi que nous sommes arrivés là-bas.
Peu après son installation dans la chambre, je me souviens de cette scène contée par l'infirmière responsable : à son retour, elle trouve Tito debout, le dos au mur, les bras en croix, faisant comprendre qu'il est prêt : on peut tirer, on peut l'achever.
J'ai toujours été attentif à la mise en garde de Jean-Claude Rolland quand il nous prévient : « On ne s'aventure pas à expliquer un suicide, bien qu'on voie plusieurs facteurs qui ont pu le rendre possible. » En même temps, j'ai toujours été très préoccupé de ne pas nier à Tito sa capacité de décider, sa marge de liberté si infime fût-elle. Ce n'était pas une bête qui était arrivée ici, ce n'était pas quelqu'un qui n'avait plus aucune capacité de dire « je », même si elle était extrêmement réduite. Aussi, je ne voudrais pas qu'on retire à son geste la part de sens qu'il a indéniablement, à mon sens.

« MA VIE, MA MORT. »

On peut dire de Tito, et c'est vrai, qu'il a été tué sous la torture, qu'il était mort dans la salle du tortionnaire, comme a pu l'écrire Jean-Claude Rolland. Mais c'est quand même quelqu'un qui était en vie, ce Tito avec lequel nous avons vécu une quinzaine de mois ici à l'Arbresle et qui, un jour, a pris, pour la deuxième fois de sa vie, la décision de se donner la mort.
Cette phrase mystérieuse qu'il a laissée griffonnée sur un marque-page d'un livre que je l'ai vu feuilleter peu de temps avant sa mort : « Mieux vaut mourir que perdre la vie », suivie de ces « 2 options : 1. Corde (suicide), 60', option Vejube, 2. Torture prolongée, option Bacuri »… Qu'est-ce que cela veut dire ? Bien sûr, le sens le plus évident c'est : « Ce n'est pas une vie, ça. Il vaut mieux mourir que d'avoir cette vie qui m'est retirée chaque jour goutte à goutte, de manière sadique par quelqu'un qui m'attend et qui finira par m'avoir. » Mais cela peut s'entendre aussi en disant : « Il ne m'aura pas, c'est moi qui prendrai ma vie, qui assumerai ma mort. »
Ou peut-être : « Ma vie, nul ne la prend, c'est moi qui la donne. » Cette phrase, vous l'avez déjà entendue, on la chante au temps de la Passion du Christ : « Ma vie, nul ne la prend mais c'est moi qui la donne, afin de racheter tous les êtres humains. » Elle est tirée de Jean 10, 18 où Jésus se présente comme le berger d'Israël du Psaume 23, l'antithèse des mercenaires et autres « pasteurs abrutis » fustigés par le prophète Jérémie (Jr 10, 21). Je sens à la fois que c'est exagéré de ma part de dire ça, et que, quelque part, il y a de ça. « Je ne veux pas laisser au tortionnaire le dernier mot. Je décide. »… Bien sûr, on a tout fait pour essayer que cette décision ne vienne pas et j'avoue que je n'ai jamais pensé,

moi, pendant ces mois que j'ai vécus avec Tito, qu'il en viendrait à ce geste. Je « croyais » qu'on arriverait à se relever ensemble et c'est tout le travail qu'on a fait aussi bien dans la relation avec lui, ici, dans la communauté, que dans la relation avec l'équipe psychiatrique et Jean-Claude Rolland spécialement. Il m'est arrivé plusieurs fois, lorsque Tito ne comprenait pas ce que disait Jean-Claude Rolland (il est connu pour parler très vite), de faire l'interprète entre eux deux ! Nous y allions ensemble, mais, bien sûr, je ne l'ai pas fait souvent. C'est parce qu'on avait le sentiment qu'il y avait une possibilité de se relever que, par exemple, comprenant que Tito était dans une situation d'expatrié, forcé d'habiter une maison, une terre, un pays qu'il n'avait jamais choisis – on lui a imposé d'être ici – et qu'il était complètement dépendant à tous les points de vue : n'avoir rien qui soit chez soi, qui soit de lui, qui lui garantisse son autonomie, y compris sur le plan économique (on n'y pense pas tout de suite), c'est aussi en pensant à tout cela qu'on est allés par exemple chez Joseph Poiron, un ouvrier paysan voisin qui avait des cerisiers à récolter, et puis chez d'autres ensuite, et que, plus tard, on est allés à Villefranche pour une embauche chez un horticulteur pour un travail saisonnier pour lequel il y avait des conditions « sympathiques ». À l'époque, j'ai compris que Tito les trouvait bonnes. Il est allé s'installer dans un foyer Sonacotra pour la durée du contrat. Je lui ai laissé mon Vélosolex pour qu'il soit plus autonome. Je suis allé le voir une fois ou l'autre après cette installation et, plus spécialement, une dizaine de jours après le début du service, alors que j'allais partir pour quelques jours de vacances. Au moment de le quitter, j'aperçois, sur le dessus de son armoire, une corde. J'ai immédiatement imaginé que cette corde pouvait être une corde pour se pendre. Je me suis dit que je pouvais bien la prendre, cette corde, mais que, le jour d'après, il pourrait aussi bien en trouver une autre… Peut-être pour qu'il comprenne que j'avais compris (comprenez-moi : je n'étais pas là pour dire à Tito ce qu'il avait à faire), je lui ai demandé : « Tito, tu as acheté une corde ? » Il a alors commencé à tourner autour du pot en disant « Oui, pour le boulot lundi, le type de l'horticulture veut qu'on amène une corde pour aider au travail. » Alors j'ai regardé Tito dans le blanc des yeux et lui ai dit : « Tito, toi qui es un spécialiste de Marx, tu veux m'expliquer que, maintenant, c'est le prolétaire qui doit acheter les moyens de production… Ça ne marche pas, ça. »

Telle fut ma dernière conversation avec Tito, avant de le quitter, quelques jours seulement avant la fête de saint Dominique, dans un terrain vague aux alentours de Villefranche-sur-Saône. Agir autrement aurait peut-être différé de quelque temps une décision qu'il avait probablement prise si l'on en croit ce petit texte que nous avons lu.

Un point n'avait pas attiré notre attention à l'époque : cette date du 8 août. Au Brésil, on célèbre beaucoup cette date qui est celle de la Saint-Dominique. Le corps de Tito a été trouvé le 10 août, probablement deux jours après son suicide, qu'on serait donc en droit de dater : le jour de la Saint-Dominique. Ce n'est pas banal.

Dans la magnifique homélie que le frère Domingos Maia Leite, ex-Provincial de la province dominicaine Saint-Thomas d'Aquin, du Brésil, a prononcée dans la cathédrale de São Paulo le 25 mars 1983 (c'était la première fois que je mettais les pieds au Brésil ; la cathédrale était encerclée de blindés, sur toute la Praça da Sé, et, au-dedans, c'était comme si on avait été au milieu d'une manifestation populaire, type 1er mai : cathédrale bondée, les gens brandissant mille banderoles disant « C'est fini, c'est fini votre régime militaire, bienvenue à toi Tito, bienvenue à toi Alexandre ! » [Alexandre Vannucchi Leme, un autre jeune ; sa dépouille avait été retrouvée sur une décharge publique après qu'il eut été torturé et assassiné]), quelques mots adressés à Tito disaient : « Bienheureux êtes-vous (tous les deux), bienheureux êtes-vous quand on vous injurie, qu'on vous poursuit, qu'on ment à votre sujet et qu'on dit toutes sortes de mal contre vous à cause de moi ! Cela, c'est la véritable canonisation, prononcée par Jésus-Christ lui-même, pour les disciples qui l'ont suivi jusqu'à la mort. Frère Tito c'est ta canonisation à toi comme à tant de disciples qui se sont unis à leur Maître sur son calvaire pour prendre part à sa vie. » Frei Domingos a encore poursuivi en reprenant pas à pas la tragique histoire dont il a lui-même été partie prenante, lui, un homme déjà âgé, issu d'une grande famille de Porto Nacional (État de Goiás, à l'époque). Il a décrit toutes les étapes du calvaire souffert par Tito et auquel il avait assisté de très près parce que, le jour où on est venu arrêter les frères au couvent, lui aussi a été emmené ainsi que plusieurs autres membres de la communauté. Une opération baptisée « Opération robes blanches » dans les dossiers de la police. « Ils m'ont fait entrer dans une salle, il y avait des types en civil et des militaires de la Marine, de l'Aéronautique et de l'Armée de terre et j'ai compris que les trois armées étaient unies dans le combat contre la subversion. Sans cacher son euphorie, le commissaire a dit : "Voyez, mon Père, on vient de prendre les dominicains et maintenant c'est grâce à eux qu'on va pouvoir prendre Marighella, c'est pour ça qu'on va devoir occuper votre couvent aujourd'hui. Et qu'à 8 heures du soir je vais envoyer le frère Fernando jusqu'à la *Livraria Duas Cidades* (Librairie des Deux Cités), parce que c'est là que Marighella va téléphoner pour fixer le prochain rendez-vous." C'était une information qu'il venait d'obtenir sous la torture, probablement de Fernando. Je lui ai demandé combien de temps allait durer cette occupation. Avec un sourire sarcastique, en regardant ses collègues, il a répondu : "Oh, au plus, deux jours !" » Et ainsi de suite… Nous pouvons voir un remake de la scène qui s'ensuivit, dans le film *Batismo de Sangue (Baptême de Sang)* : à une certaine heure de la nuit, dans une Volkswagen type Coccinelle, la police a installé les frères Ivo et Fernando, à peine retirés de la salle de torture, vêtus en habit blanc de l'ordre dominicain, assis à l'arrière du véhicule stationné à l'endroit convenu pour le rendez-vous avec Marighella, dans une rue déjà parsemée d'agents en tenue camouflée. Ils ont attendu jusqu'à ce que se présente un type ayant le physique de Marighella et l'ont mitraillé sans aucune chance d'en réchapper. La presse avait été convoquée pour flasher le tout. Le jour suivant, le journal *O Globo* titrait en première page : « Doubles Judas, ils avaient déjà trahi l'Église en passant au communisme, ils trahissent les communistes en les livrant à la police. »

Doubles judas…

Doubles judas… Vous imaginez l'image avec laquelle nos frères ont dû vivre dans la prison auprès de leurs autres camarades, et bien sûr l'image que Tito a dû porter, par la suite, bien qu'il n'ait eu aucune part dans cet épisode. On peut d'ailleurs se demander pourquoi Tito a fait l'objet d'un acharnement si cruel, plus encore que les autres, avec l'imposition d'une seconde session de torture. Le fait est qu'en 1968, il avait été l'organisateur matériel du congrès national de l'Union nationale des étudiants. Il avait trouvé un local isolé où pourrait se réaliser le congrès et avait eu contact avec le paysan qui avait mis à disposition un petit site bien caché, dans la campagne, mais ce type avait été localisé, interrogé, torturé… et avait alors confessé : « Oui, j'ai parlé avec Tito pour arranger ce truc-là. » D'où l'idée que Tito devait en savoir plus long qu'il n'avait paru aux premiers interrogatoires. D'où l'idée de le passer de nouveau à la casserole.

Sur Tito se sont donc accumulées, comme autant de démons, ces situations de perversion du sens, de double trahison, de perte d'identité, de déracinement complet. Le tout renforcé par des procédures de torture les plus barbares qu'on puisse imaginer, comme cette scène où le tortionnaire, revêtu de vêtements liturgiques, présente à Tito comme étant l'hostie consacrée un fil électrique qu'il lui enfile dans la bouche. Perversion de tous les symboles, y compris parmi les plus « sacrés ».

Resistance x Desistance. Le corridor polonais…

Je ne savais bien sûr pas tout cela quand j'ai été en contact avec Tito. Ce que j'ai vécu, ce dont j'ai été le témoin, c'est cette espèce de bête affolée qui, comme en un corridor polonais, oscille entre résistance et désistance, un jour il va apparemment bien, et l'autre jour il fait une fugue. C'est moi qui l'ai retrouvé plusieurs fois dans la forêt ou aux abords de la commune d'Éveux. Et moi de lui dire gentiment : « Tito, tu peux bien aller où tu en as envie ou t'en aller quand tu le veux, mais ce serait sympa que tu nous dises quand tu t'en vas… Tu sais, je t'ai cherché partout. ». Et lui : « Tu sais, Xavier, je voulais t'en parler mais ça a été plus fort que moi. » Et puis il y a eu cet épisode que j'ai conté au début et qui m'a quasi mis en présence du tortionnaire en chair et en os dans la fiction à laquelle j'ai fini par me prêter. La TV Globo a réalisé un programme sur Tito voici quelques années. Les réalisateurs y ont recréé cette scène : il y a Tito, il y a un arbre, il y a moi, parlant avec un fantôme qui est Fleury. Oui, c'est bien la réalité que j'ai moi-même éprouvée : je sentais réellement qu'il y avait cet intrus dans notre maison et dans la tête de Tito. Toute notre tentative a été d'essayer de l'aider à se réapproprier de soi-même et de retrouver une espèce de sol où poser ses pieds et reprendre quelques racines.

Tito : pour nous tous une figure déterminante, en France et au Brésil

Pendant neuf années, le corps de Tito a été enterré ici, dans notre cimetière. Il y a toujours le lieu de sa tombe marqué par une pierre et une plaque qui dit « Tito a reposé dans cette terre étrangère. Depuis le 25 mars 1983, il est réuni aux siens dans sa terre de Fortaleza. » Tout au long de ces années qu'on a vécues avec sa présence dans notre cimetière, Tito est devenu comme un « étendard » de la résistance contre les régimes militaires, les dictatures et la torture. Il y avait déjà beaucoup de réfugiés latino-américains dans la région de Lyon à l'époque, des Chiliens principalement, très organisés (y compris avec des chorales magnifiques). Avec eux nous avons organisé plusieurs grands moments. Je me souviens d'une grande mobilisation qu'on a faite quand le général Geisel a été invité par Giscard d'Estaing pour une visite officielle en France. On a alors organisé une manifestation dans les rues de Lyon, une soirée à la Cigale… Notre mot d'ordre était : « Un tortionnaire en France ? Non ! »

À la fin de 1982, on nous a demandé de préparer le retour du corps du frère Tito au Brésil. Cette demande venait de sa famille, de l'ordre dominicain, et de l'archidiocèse de São Paulo alors dirigé par le cardinal Paulo Evaristo Arns. Elle consistait à prendre acte que le régime militaire était en train de s'écrouler. Il vacillait sur ses bases (il faudrait encore deux ans pour qu'il prenne fin). C'était le moment de dire « stop ». Le retour de Tito serait comme un signe fort à l'adresse des dictateurs : « C'est fini ! Votre temps est fini. »

À l'époque, Pierre Belaud, qui était notre Provincial, m'a demandé de prendre cela en charge. J'ai donc reçu cette mission d'organiser le retour de Tito au Brésil. Je me suis dit : « Mettons dans le coup tous les réfugiés latinos. » À l'époque, le frère François Biot s'occupait du Centre Albert le Grand. On était nombreux à être actifs dans ce centre qui a été, pendant des années, un espace ouvert à plein de gens passionnants, divers, où on confrontait la foi chrétienne et l'engagement politique, social, éthique, etc. Notre idée fut de mettre dans le coup tous ces gens-là. On voyait grand. Charles Antoine, aussi, par exemple quand il nous a dit : « C'est un truc à faire à Notre-Dame. » On va voir le cardinal Lustiger et il répond : « Ici, on ne fait pas l'éloge d'un suicidé. » Alors on se rabat sur Lyon, à la Primatiale. On va voir le cardinal Decourtray, on lui dit la même chose. Et lui d'acquiescer sur le champ : « Mais bien sûr ! Et si vous pouvez trouver quelqu'un qui vienne du Brésil, ce sera mieux encore. » On se met donc en recherche de quelqu'un qui pourrait venir du Brésil pour accueillir Tito et l'accompagner. On me dit qu'il y en a un qui parle français, qui est Dominicain et, en plus, qui est évêque, toutes les qualités : Tomas Balduino. Je prends le téléphone, appelle dom Tomas… Et lui aussitôt : « Bien sûr ! » Et voilà dom Tomas qui vient ici pour coprésider la célébration à Saint-Jean, une célébration mémorable avec nos chœurs chiliens interprétant la *Missa Criolla*. Ce fut un moment fantastique. La Primatiale affichait complet. On a profité de la venue de dom Tomas pour qu'il puisse parler avec la Conférence épiscopale, et partager avec ses membres au sujet de ce qui nous mobilise. Me voilà ensuite parti au Brésil. Il y a cette célébration à São Paulo, puis la destination finale à Fortaleza, la célébration présidée par le cardinal Aloysio Lorscheider, un grand évêque de cette époque, lui aussi dans la ligne de la théologie de la libération.

Sur la terre de Tito

Dans toute cette épopée, Henri Burin des Roziers était complètement présent. Depuis 1978, il était déjà au Brésil où il s'était joint à la Comissão Pastoral da Terra (CPT), mettant en œuvre ses énormes capacités, dont un diplôme d'avocat français qu'il avait fait valider au Brésil pour accompagner les nombreuses demandes de la CPT. J'aurai bien sûr l'occasion de le suivre sur son nouveau terrain après Fortaleza et après Goiás…

En effet, aussitôt terminée la célébration de Fortaleza, dom Tomas me dit « Maintenant tu viens dans mon diocèse de Goiás et je te montre notre travail. » En trois, quatre jours, on a vu les quatre coins de son diocèse, un très grand territoire : on va dans des territoires où vivent des communautés indigènes, car Tomas était très engagé auprès des populations autochtones. Il avait acquis un petit avion pour convoyer les agents de santé dans des territoires indiens inaccessibles, à l'intérieur de l'Amazonie.

On visite des communautés de paysans sans terre, on découvre leur lutte, 80 familles par ici, 200 familles, par là. Elles occupent une terre dans l'espoir qu'elle puisse être expropriée parce que c'est une terre publique que des propriétaires se sont adjugée indûment et qu'aux termes de la loi, on peut faire valoir qu'elle doit être « désappropriée » moyennant indemnisation. Tomas, après m'avoir mis en contact avec des agents de la pastorale, me dit : « Tu sais, Xavier, pour que ce campement de gens sans terre puisse se maintenir, il faut à peu près 1000 dollars par mois. Ce n'est pas difficile pour toi de trouver ça, pas vrai ? » Et voilà que je reviens du Brésil et parle aux militants de gauche liés à la

CFDT, qui sont mes collègues à Syndex, cette entreprise d'expertise comptable où j'ai travaillé à l'époque, pendant 15 ans, au service des comités d'entreprise, et pour laquelle j'avais dû passer le diplôme d'expert-comptable. Je leur dis : « Vous êtes bien tous de gauche ? On est tous de gauche, pas vrai ? Alors on va avoir l'occasion de le montrer. Chacun s'engage pour 100 francs par mois. » Ce fut l'ébauche de ce qui deviendrait une boule de neige d'amis, de membres de la famille, de collègues et qui, jusqu'à aujourd'hui, forme un réseau solidaire d'appui aux luttes des sans-terre et au travail de la CPT.

Je trouve important de connecter toute cette histoire de Tito avec cette visite initiatique, car c'est bien Tito, finalement, qui m'a emmené au Brésil, cette aventure à laquelle j'avais rêvé plusieurs fois dans les différentes étapes de ma vie : jéciste, étudiant dans les rues de mai 68, puis cette épopée aux côtés de Tito... Et maintenant, voilà que j'étais au Brésil et que je pouvais voir de mes yeux la lutte actuelle de l'Église au Brésil au travers de la CPT.

J'ai donc en fin de compte rejoint Henri. Il était alors basé à Porto Nacional. Il m'a montré son boulot, il m'a emmené sur des terres où luttaient des paysans sans titre de la terre où ils vivaient depuis des temps immémoriaux. Par exemple, cette communauté de 50 familles, de la Fazenda São João, qui avaient été victimes de ce qu'on appelle en portugais *grilagem*, c'est-à-dire le vol ou l'accaparement de terre par un pseudo-propriétaire qui soudain sort de l'ombre, arborant un titre de propriété frauduleux : « Je suis ici chez moi, déguerpissez. » Et si on ne déguerpit pas, il y aura toujours un juge pourri pour donner l'ordre de déguerpir. On a passé la nuit de Pâques (là-bas le moment fort est la nuit du Vendredi saint au samedi, toute la nuit). Installés chacun dans un hamac, Henri et moi avons écouté les chants de la communauté (tenir debout toute la nuit n'était pas à notre portée…). Henri me confiait : « Tu sais, ici tandis qu'on proclame le récit du passage de la mer Rouge, eh bien c'est vraiment plutôt rouge : trois *pistoleiros* ont été descendus, trois tueurs à gage au service de l'accapareur de terre lors d'un affrontement récent. » J'ai vite vu à quel genre de situation Henri faisait face dans son quotidien… Ensuite, on est allés dans l'extrême nord de ce même État de Goiás, une région connue comme le « Bec du Perroquet », région de conflits intenses et, de nouveau, j'ai rencontré cette situation de lutte, de résistance, de conflits, de mort… J'ai connu le père Josimo, coordinateur de la CPT (il sera assassiné en mai 1986, à l'âge de 33 ans).

Vous pouvez l'imaginer : toutes ces situations ont produit dans ma tête, dans mon cœur, un impact très fort : « C'est pas possible ! Ce que je fais en France, ce n'est pas grand-chose à côté de ça… Oui, je reviendrai. » Et alors je suis revenu une première année, puis je suis revenu une autre année pour vérifier un peu mes impressions initiales. Et j'ai commencé à réfléchir avec mes frères de ce bord-ci de l'Atlantique : « Voilà, je commence à avoir fait le tour de ce que je fais ici depuis 15 ans et qui pourtant me passionne. Je pense que je pourrais être plus utile au Brésil. D'une certaine manière, ce serait rendre justice à Tito. » Ce projet naissant a pris forme à partir de 1989 : le temps de me défaire de toutes ces amarres qui me retenaient ici. Je suis donc parti. Le Provincial m'avait alors accordé un bail de six ans. On n'a jamais rediscuté vraiment ce délai, et j'y suis toujours après… 34 ans !

La Bonne Nouvelle de l'Évangile

J'ai pris ce petit détour pour essayer de vous dire que je suis heureux de pouvoir, d'une certaine manière, donner suite à ce que – qui sait ? – Tito aurait pu espérer ou faire de sa propre vie si la liberté lui en avait été accordée. Je pense que le Brésil pour lequel il luttait et les luttes ouvrières ou paysannes avec lesquelles, alors qu'il était étudiant, il se solidarisait sont aussi, entre autres, ces luttes que j'ai pu approcher grâce à la CPT. La CPT est un organisme créé par la Conférence des évêques du Brésil en 1975, c'est-à-dire sous la dictature, dans le but d'être au service des paysans, de leurs luttes de résistance, pour apporter un soutien aux communautés rurales victimes de brutales violences et de sanglants conflits, du type de ceux que je viens de décrire : pour la terre, pour le territoire, pour une vie digne. Il s'agit le plus souvent d'affrontements entre petits paysans et gros propriétaires qui entendent devenir toujours plus gros, quoi qu'il en coûte pour la terre, pour la nature ou pour les gens qui y ont leurs racines. C'est ce qu'on désigne sous le mot élégant « d'agrobusiness ». David contre Goliath. J'ai connu cette situation de conflits dans une région limitrophe de l'Amazonie, région de transition entre le biome de la savane (le « Cerrado ») et celui de l'Amazonie. En fait, au sens de la loi brésilienne, on est déjà en Amazonie (« légale »). Il s'agit d'un travail inspiré par cette même compréhension de la foi et de l'Évangile, dont je viens de résumer l'essentiel : « Dieu veut notre bonheur. Dieu nous veut heureux. »

C'est bien du droit à la vie et à la joie de l'Évangile qu'il est question. Une Bonne Nouvelle.

Pour le dire en d'autres termes, permettez-moi d'évoquer, pour finir, ce que j'ai pu expérimenter récemment à Oran où, à l'invitation du gouvernement algérien, je viens de passer une petite semaine, pour y parler de l'expérience brésilienne de lutte contre l'esclavage moderne, devant un public assez différent de ceux que j'ai coutume de fréquenter : une vingtaine d'imams et une vingtaine de conseillères religieuses musulmanes, réunis sous l'égide du ministère des Affaires religieuses d'Algérie, avec l'objectif affiché de connaître, pour s'en inspirer (?), l'expérience d'autorités religieuses d'autres pays. À cette occasion, je m'étais replongé dans les écrits de notre frère Pierre Claverie, évêque d'Oran, assassiné en 1996. J'ai retrouvé de lui des paroles très fortes, comme celle-ci, que j'ai citée à mes interlocuteurs algériens : « Notre foi n'est pas une question de religion. Elle est une question d'option : pour la vie contre la mort. Le reste c'est du blablabla. » Après que j'eus exposé le résultat du travail de lutte contre l'esclavage au Brésil qui nous a permis, entre 1995 et 2022, de libérer 60 000 personnes de conditions d'esclavage moderne, un imam s'est levé pour me dire : « Oui d'accord, mais enfin, quand vous dites que, grâce à la campagne que vous coordonnez, ont été libérées d'esclavage 60 000 personnes, c'est bien… Mais, avouez-le, vous faites ça juste pour les évangéliser ! » Dans ma réponse improvisée, j'ai dit : « Je ne me souviens pas d'avoir parlé une seule fois de Jésus ou de Dieu Tout-Puissant à l'un quelconque des travailleurs agricoles qui nous ont demandé secours, mais, si nous les avons évangélisés, je pense que vous avez sans doute raison, la réponse est oui : parce que ce qu'ils ont découvert c'est une vraie Bonne Nouvelle. C'est que chacun d'eux a les mêmes droits que vous et moi, que tous nous avons les mêmes droits à la dignité et au bonheur, que tous et toutes sont fils de Dieu donc sont frères et sœurs les uns des autres, de sorte que traiter l'autre comme une chose, comme une bête, c'est renier notre commune filiation, c'est renier le vrai Dieu. Ça, c'est une Bonne Nouvelle, ça, c'est de l'Évangile ! » Mon imam n'a pas répliqué !

Pour le dire vite : j'ai pu trouver au Brésil, dans cet engagement assumé auprès de la CPT, un type d'engagement où Tito aurait probablement aimé se trouver aussi. Jusqu'à présent, je n'ai pas pensé à y renoncer...

LA FÉCONDITÉ DE LA PASSION DE TITO DE ALENCAR

Guy Aurenche*

PASSION ET FÉCONDITÉ ?

À partir de l'histoire de l'ACAT (Action des chrétiens pour l'abolition de la torture), je peux partager comment la vie et la mort de Tito de Alencar nous ont parlé et nous parlent de la tension entre passion et fécondité. Il peut être dangereux d'associer les mots fécondité et passion parce que cela semble ouvrir une porte à la prétendue bienfaisance de la souffrance. Je ne vois aucune bienfaisance dans la souffrance. Je me bagarre depuis longtemps contre ces amalgames. Dans l'Église catholique, ils sont faits souvent. Je me souviens d'une vice-présidente de l'ACAT, théologienne orthodoxe, Élisabeth Berh-Sigel, nous racontant que, lorsqu'elle a eu son premier enfant dans une maternité catholique, il lui a été dit : « Madame, vous avez beaucoup de chance, vous allez beaucoup souffrir. » Fécondité, passion, il peut y avoir tellement d'ambiguïté, d'hypocrisie, de contresens. Xavier et Alain nous ont éclairés sur le sens non pas de la bienfaisance de la souffrance, mais de la fécondité, des germes qui peuvent être semés à partir de la passion, des aurores qui peuvent poindre, au cœur des nuits de la souffrance.

Tito est plus que jamais d'actualité, car la torture est plus que jamais d'actualité. Lors d'un grand meeting au Bourget en 1988, j'avais annoncé : « Plus de torture en l'an 2000 ! » et j'y croyais. Non pas que la torture puisse disparaître totalement, car la méchanceté vit aussi en nous, mais le système tortionnaire aurait dû perdre du terrain. Nous assistons exactement au contraire aujourd'hui. Nous constatons non seulement la remontée du comportement tortionnaire, y compris dans nos sociétés démocratiques, mais aussi la banalisation de la justification silencieuse, voire explicite, de cette pratique.

Tito est d'actualité dans les rendez-vous d'humanité que les Églises chrétiennes ont à vivre aujourd'hui. Ils ne sont pas des rendez-vous « neutres ». Xavier a parlé de vie et de mort. La présence des Églises sera-t-elle présence de vie, audible pour nos contemporains qui souffrent tant de morts ? Ce rendez-vous avec Tito, je le reçois comme une interpellation sur les engagements que nous pouvons vivre dans les communautés chrétiennes pour que celles-ci relèvent le défi de la vie, de la Bonne Nouvelle vivante et, j'ose le dire même après tout ce qui nous a été partagé, avec beaucoup d'émotion et de profondeur, au cœur de l'atrocité de ce qui a été vécu par Tito et d'autres frères à l'époque. Le défi, aujourd'hui, est celui de l'aurore de la vie bonne comme le disent les latinos, y compris dans nos obscurités.

La parole, risque et temoignage

L'ACAT a été créé en juin 1974. Au mois d'août de la même année, Tito mettait fin à sa vie. Il n'y a pas de coïncidences. Il y a des rendez-vous à travers lesquels nous sommes invités à lire un appel. En 1982, dans l'un des premiers livres que l'ACAT rédigea pour des jeunes, il y avait une photo de Tito avec sa guitare et on avait mis juste dessous, ses paroles : « L'Église ne peut se taire, les preuves de la torture nous les portons en nos corps. Si l'Église ne se manifeste pas sur cette situation, qui pourra le faire ? En ces moments-ci le silence est une omission. Si la parole est un risque, elle est davantage un témoignage. »

Si j'ose parler aujourd'hui de Tito et de l'ACAT, c'est parce que, si la parole est un risque, elle est davantage un témoignage. Quelles que soient nos convictions, nous sommes invités à ce témoignage. Qu'il soit clair que la création de l'ACAT ne vient pas de Tito. Elle vient de deux femmes protestantes, filles de pasteurs, qui n'étaient pas des spécialistes des droits de l'homme, mais qui rencontrèrent un autre témoin, un pasteur italien qui rentrait du Vietnam et qui portait sur lui la photo d'une cage à tigres où l'on enfermait les prisonniers. Cet homme déclara : « Et nous, disciples de Jésus-Christ, qu'allons-nous faire ? » L'on retrouve la même invitation : l'Église ne peut se taire ! Ces deux femmes ont, dans une dimension immédiatement œcuménique, créé l'ACAT qui eut sa première assemblée en 1974.

Même les pierres crieront

L'influence de Tito a été très importante. Je peux en témoigner, car en 1975 j'étais président de cette ACAT naissante. Les deux fondatrices étaient venues me voir sur les conseils d'un ami avocat protestant pour me demander de l'aide dans leur conseil d'administration. J'ai dit oui, pensant que je serais une « potiche catholique » dans une association protestante contre la torture. Trois semaines après, j'étais élu président de cette jeune association... qui a changé ma vie, celle de mon épouse et sans doute celle de mes proches. J'ai pu tout de suite constater combien de religieux et religieuses catholiques ont rejoint l'ACAT parce qu'ils avaient eu connaissance de la passion de Tito de Alencar. Fécondité au cœur de la passion. Et pour moi, jeune, il était extrêmement important de découvrir une lueur dans ce monde hallucinant, incroyable, inimaginable qui s'appelle la torture ; pour moi, petit bourgeois catholique protégé… je ne pouvais pas imaginer comment, au cœur de cet univers de mort, des germes de vie pouvaient aussi jaillir. Très rapidement, des communautés monastiques ont rejoint l'ACAT. Près de 210 communautés monastiques, unies dans un réseau de prière et d'actions (par des lettres envoyées aux gouvernements). L'appel de Tito, « si l'église se tait » ou l'affirmation biblique « même les pierres crieront », eurent beaucoup d'importance dans la présence à l'ACAT des communautés, des prêtres et évêques catholiques. Le spirituel ne se cantonnait pas à la prière, mais il débouchait pour ces « militants » sur une action : écrire des fameux appels urgents, intervenir dans telle ou telle campagne de solidarité. L'ACAT avait aussi comme mission de répondre à l'appel lancé en 1973 par Amnesty International qui, dans un congrès mondial, formula des invitations directement aux communautés spirituelles et aux Églises. Notre réponse fut immédiatement œcuménique. Le pasteur Roser insistait pour montrer que « face à une telle souffrance, seule était possible une démarche en unité ».

Dignite et priere

Fécondité de la passion de Tito, qui provoqua une réaction. Celle-ci s'appuya sur deux piliers. L'article 5 de la Déclaration universelle des droits de l'homme (10.12.1948) : « Nul ne sera soumis à la torture ni à des traitements cruels, inhumains ou dégradants. » Le fondement de la dignité inaliénable de chaque personne humaine est déterminant, car nous voulions rejoindre l'ensemble de l'humanité qui sortait de l'horreur de la guerre mondiale, et lança la dynamique des droits humains. Aujourd'hui, en 2023, l'ensemble de la communauté humaine doit encore dire non à la torture.

Le second pilier pourrait se résumer par : « Par la résurrection du Christ, la mort n'a pas le dernier mot. » Ce n'est pas le bourreau de Tito qui l'a emporté. C'est Tito qui témoigne en 2023 de ce qu'au cœur de la mort, la vie l'emporte. Très rapidement, un colloque théologique fut organisé par l'ACAT à Toulouse chez les Dominicains : « Passion du Christ, passion des hommes. » Notre but était non seulement de mobiliser les réseaux chrétiens de par le monde, mais aussi de « mettre au service de cette cause » toute la force de la Parole. J'y reviendrai en terminant.

Les mécanismes de la torture

J'ai été très impressionné, en lisant le livre sur Tito, par la description des mécanismes qui conduisent à ces traitements inhumains. La torture, contrairement à ce qu'on peut penser, ne tombe pas du ciel, y compris du « ciel diabolique ». Elle est le fruit de mécanismes bien précis que le livre décrit pour les années 1969-1974, au Brésil. Ces mécanismes peuvent se repérer aujourd'hui en 2023.
Il y a un objectif direct dans la torture : détruire la personne, et on en voit l'efficacité à travers la vie de Tito.
Mais aussi, et surtout, de terroriser une population au point de la rendre pour le moins non réactive. Ceci se prépare lentement. Il me semble que Tito aujourd'hui nous dit : « Soyez attentifs à ces mécanismes », décrivant l'irruption de la dictature, de l'enfermement d'une population comme cela fut le cas au Brésil. Tito rejoignit ceux et celles qui voulurent résister, jusqu'à la mort. Ce sont souvent des mécanismes discrets, conscients ou pas, de dévalorisation de la notion de dignité humaine. Tel ou tel individu n'est plus considéré comme un être humain, du fait de sa couleur, sa culture, sa religion ou non-religion, de ses gestes répréhensibles. Il est déshumanisé. Puis l'on fait valoir des « impératifs

supérieurs » pour justifier la mainmise sur les personnes : c'est la lutte contre une menace extérieure, réelle ou inventée. Ou la défense d'une valeur supérieure contre les bandits qui la menacent. Ou encore la loi du marché... Et on doit se taire et laisser dévaloriser telle ou telle catégorie de population.

Le second élément de ce processus est de semer la confusion dans nos sociétés. Par exemple, pour l'Europe, semer la confusion dans les mécanismes démocratiques et le respect des droits fondamentaux. Ce n'est pas forcément les nier, mais semer la confusion, les paralyser, montrer que finalement le système démocratique et respectueux de la diversité n'est pas mieux qu'autre chose. Le troisième processus consiste à jouer sur un sentiment qui nous habite tous, la peur, la crainte de l'insécurité. Nous pouvons relire à travers la vie de Tito la dangerosité des mécanismes tortionnaires aujourd'hui, en 2023. Je ne développe pas davantage, mais la vie de Tito nous alerte sur la dimension sociale et politique des chemins qui peuvent conduire une société à tolérer puis pratiquer la torture.

L'EDUCATION AUX DROITS DE L'HOMME

Tito a aidé l'ACAT à mettre l'accent sur l'éducation aux droits de l'homme, au refus de la torture. En 1976, j'étais président de la jeune ACAT France. Nous avons reçu une lettre d'amis brésiliens, dont un avocat que j'ai rencontré plus tard. Ils avaient sûrement été eux-mêmes victimes des mauvais traitements de la part de la dictature. Ils nous demandaient d'écrire à dix tortionnaires brésiliens dont ils nous donnaient les noms et adresses. Que dire à un tortionnaire ? Nos interlocuteurs nous proposaient un projet de lettre. En 1977, je signais une lettre à dix tortionnaires et parmi ceux-ci, le commissaire Fleury. Celui qui avait personnellement participé à la torture de Tito et lui avait fait comprendre que même s'il en sortait vivant il ne serait jamais plus le même. Nous leur disions beaucoup de choses et nous dénoncions vivement leurs pratiques. D'autant plus que ces hommes torturaient au nom de la foi chrétienne. Il y avait des crucifix dans les salles de torture brésiliennes. Nous dénoncions ce double scandale. Nous terminions notre lettre par ce qui est le fondement même de toute éducation : « Je vous considère comme les ennemis du peuple, mais non comme mon ennemi, je crois que vous pouvez vous régénérer. Nous tenons à vous dire que nous avons pleinement conscience d'appartenir comme vous à la race des hommes. » Je dois vous avouer qu'il faut de temps en temps un peu de folie, une petite aide extérieure, un souffle, pour croire vraiment à cette affirmation. Aidés par ces victimes qui appelaient au secours et sans doute un peu par le cadeau de la foi, nous avons signé cette affirmation et nous ne le regrettons pas.

Un tortionnaire dit sa vision de l'homme

D'une manière stupéfiante, quelques mois après nous recevions une réponse du commissaire Fleury, le chef des commandos de la mort. Cette réponse commençait par des propos injurieux, voire orduriers. L'injure n'est pas loin de la déshumanisation. Il niait notre référence au Christ : « Vous êtes des communistes déguisés en curés ! » Comme si la mention de la foi chrétienne dans notre message le gênait, lui qui torturait au nom de la prétendue défense des valeurs chrétiennes. Puis il affirmait : « J'ai les pieds sur terre et la tête à la hauteur du monde et non pas dans les nuages, je cherche à défendre la société contre ceux qui, au nom d'un idéal, s'arrogent dans leur combat de tous les jours le droit de tuer des innocents. » Il ne faut pas oublier qu'à l'époque la lutte contre l'expansion du communisme servait de politique à nombre d'états latino-américains, aidés par les États-Unis. Le policier illustrait ses propos en racontant une histoire : « Un aigle couvait des œufs et ce furent des poussins qui sortirent de l'œuf. Désespéré, l'aigle fut tenté de les dévorer, mais, après réflexion, par pitié, espérant qu'un jour, du bataillon des poules myopes et caquetantes, surgirait un petit aigle, pour les accompagner l'aigle ne les a pas tués. » Fleury affirmait être l'aigle qui protège la populace brésilienne contre la menace du communisme international. Et pour cela, il faisait le nécessaire en toute bonne conscience.

Ce petit conte avait été rédigé par un auteur d'origine allemande, William Reich, qui avait dû se réfugier aux États-Unis au moment du nazisme et qui, pour raconter la dangerosité des prétendues idées supérieures, proposait cette histoire de l'aigle et des aiglons et poules caquetantes. Y avait-il lien entre l'idéologie nazie et les arguments des tortionnaires brésiliens ?

Mais sa lettre va beaucoup plus loin encore. Dans un post-scriptum, et vous savez que c'est dans le post-scriptum qu'on met l'essentiel de la lettre, Fleury écrivait : « Je dois vous avouer que je ne crois pas que nous soyons de la même race humaine, je veux parler de la race des hommes. » Dans cette opinion se niche la motivation de tout tortionnaire. Il ne torture pas un homme, mais quelqu'un qu'il a déshumanisé, pour des raisons diverses.

Éduquer au refus de la déshumanisation, éveiller jeunes et moins jeunes à la dignité irréductible de chaque personne est plus que jamais d'actualité. Celui qui avait meurtri Tito définitivement nous donnait une leçon pour aujourd'hui. En 1978, après cet échange de lettres, le journal *Le Monde* écrivait : « Étrange document que ces deux lettres qui jettent de singulières lueurs sur l'état d'esprit du tortionnaire dépassant le cas du commissaire Fleury et de la situation du Brésil. » Deux ans après, le ministère belge de l'Éducation nationale retenait la lettre de l'ACAT et la réponse de Fleury pour proposer un document pédagogique contre la discrimination. Tito inspirait nos programmes pédagogiques.

Message aux Églises d'aujourd'hui

Tito nous redit les exigences du « jusqu'au bout » du témoignage. Et ce n'est pas facile à accepter ! Il appelle les communautés chrétiennes à l'engagement : « Si l'Église se tait… » Au cœur des communautés chrétiennes d'aujourd'hui, cette invitation, ce cri de Tito sont importants. L'ACAT s'est voulue guetteur, sentinelle en reprenant les textes bibliques. « Toi, fils d'homme que j'ai établi guetteur pour la maison d'Israël, tu écouteras la Parole qui sort de ma bouche et tu les avertiras de ma part », dit le prophète Ézéchiel. L'ACAT, en reprenant cet appel à s'investir dans le rôle de guetteur que réclamait Tito, voulait redire à nos communautés que cette parole n'est pas d'abord celle de leur doctrine, de leur cadre institutionnel, de leur survie. Cette parole est une parole de vie qui s'exprime aussi à travers les demandes d'espérance et de confiance que la société nous lance. Le Seigneur parle aussi à travers les cris de la société ; d'où le rôle de sentinelle, guetteur de la Parole de Dieu, guetteur de la parole des hommes qui veulent espérer, qui veulent vivre. L'ACAT a utilisé le terme « veilleur ». Vous connaissez ce psaume 129 : « Mon âme attend le Seigneur plus qu'un veilleur ne guette l'aurore. » Nos communautés, chrétiennes et non chrétiennes, travaillent-elles à l'accueil de l'aurore en lien avec cette parole de l'autre et pour certains du Tout-Autre ? Être veilleur c'est veiller et se donner les moyens de veiller pour attendre et entendre cette parole.

« Je ne suis plus seul ! »
L'ACAT, m'a fait découvrir un double message. Je suis un petit « sauveteur » en puissance ; je n'ai pas dit sauveur, mais sauveteur. En rencontrant soit des prisonniers torturés qui ont eu la chance d'en sortir soit des familles d'anciens détenus, qu'ai-je entendu ? Par exemple un Moldave, Ilascu, qui avait protesté contre la « soviétisation » de la Transnistrie, au cœur des frontières de la Moldavie. L'ACAT de Roumanie me demanda de venir voir Ilascu dans sa prison, car il avait été condamné à mort pour avoir manifesté contre le manque de démocratie dans cette région de Transnistrie. Embarqué sur le chemin du bunker d'un condamné à mort moldave en Transnistrie, je me demandais ce à quoi pouvait servir une telle démarche. Nous allâmes d'abord voir le vice-ministre de l'Intérieur. « Que voulez-vous faire ? » « Rendre visite à Ilascu. » « Mais c'est un bandit, un criminel, un condamné à mort... » Ce n'était plus un homme, il était déshumanisé. Ilascu et le vice-ministre n'appartenaient plus à la même race humaine. Tiens, une certaine filiation avec la lettre de Fleury. Après une bonne discussion, nous partîmes voir le condamné. Je rentrai dans le bunker, construit spécialement pour lui après sa condamnation à mort. Il y était depuis quatre ans et il n'avait reçu qu'une seule visite, celle de la Croix-Rouge. Nous avons parlé, et au bout de 19 minutes le gardien qui assistait à notre conversation montra sa montre. Il fallait partir. Je ne sais pas si vous avez eu l'occasion de quitter un condamné à mort. Je n'ai pas su, bien qu'avocat, dire quoi que ce soit. Et c'est Ilascu qui m'a pris le bras : « Ne vous inquiétez pas, Me Aurenche, il avait dû sentir mon émotion, ne vous inquiétez pas, je ne suis plus seul. Je suis vivant ! » Ou bien le commandant chilien que j'avais rencontré lors d'un colloque à Helsinki sur la dictature au Chili dans les années 1978-79

et qui m'avait raconté comment il avait été torturé parce qu'au moment du coup d'État du général Pinochet il avait refusé de tirer sur la foule. Lui, le militaire, n'était pas fait pour cela. « J'ai été torturé affreusement, ajouta-t-il, et un jour, en allant aux toilettes, tandis que je n'avais pas le droit de regarder à droite ni à gauche, j'ai entendu quelqu'un, sans doute un gardien, pour se moquer de moi ou un nouveau prisonnier qui arrivait avec des nouvelles de l'extérieur, j'ai entendu cette phrase "on parle de toi au-dehors" ». Ce commandant me dit : « Ce jour-là j'étais sauvé ». Je lui dis « Vous n'étiez pas sauvé, vous avez été à nouveau torturé, votre famille a été harcelée, vous êtes resté trois ans en prison… » Il se fâcha : « J'étais sauvé, je n'étais plus seul. »

Vivre la fraternité

Il me semble que le cri de Tito appelant à une réaction, à un geste, nous dit qu'au cœur des souffrances, de la passion, de l'inhumanité, une présence, un petit sauvetage peut se révéler fécond ; ainsi, à travers des lettres, une pétition, ou le courage d'un diplomate ou des responsables politiques qui osent faire une démarche. Une présence qui sauve le prisonnier, car elle brise l'isolement dans lequel le tortionnaire voulait l'enfermer et le déshumaniser. Cette présence n'est-elle pas signe de la fraternité, au-delà des violences ?

Pour ceux qui partagent la foi en Jésus-Christ, avez-vous essayé d'expliquer à vos petits-enfants ce qu'est la foi en Jésus-Christ, mort et ressuscité ? Ce n'est pas facile. Maintenant je tente de leur partager que le message de Jésus ne dit pas qu'il n'y a plus de mort, plus de torture ; mais que le « salut » peut se résumer en : « Tu n'es plus seul et j'ai vaincu la mort. » Jésus révélateur d'une fraternité au-delà de la mort. Ce sont les victimes de la torture, c'est Tito dans sa passion qui m'aident à redécouvrir le sens de la Bonne

Nouvelle chrétienne : vous n'êtes plus seuls ! Tito de Alencar, en appelant à sortir du silence, à le rejoindre au cœur de sa déréliction, invitait et invite aujourd'hui nos communautés humaines à découvrir la force d'une présence qui ne fait pas de miracle, mais sauve parce qu'elle brise la solitude qui tue. Parce qu'elle réintègre le « paria » dans la famille humaine, dans une fraternité dont Jésus, le Tout aimé de Dieu, a partagé les chemins de joies et de peines. Et qu'il éclaire de sa résurrection.

Guy Aurenche, avocat honoraire, ancien président de l'ACAT et du CCFD-Terre solidaire a écrit en 2022 La sève du figuier. Trois chrétiens interrogent les signes des temps. *Ed Salvator. Paris.*

Intervention durant la journée

Jean-Joseph Mesguen

Plutôt que sur la biographie de Tito, c'est à propos de choses que vous avez dites sur le Brésil que je voudrais parler : précisément de tout ce qui, dans la société brésilienne, dans la culture brésilienne, permet cet effacement de la mémoire qui a été évoqué. Premièrement, dans notre camp on raconte souvent l'histoire de la dictature des généraux, je caricature à peine, comme s'il y avait eu d'un côté les très méchants militaires, et de l'autre côté tout le peuple brésilien. Si tel avait été le cas, la lutte aurait été facile. Or, il y avait aussi une base de masse pour le régime militaire. Voici deux anecdotes à ce propos.

J'ai eu l'occasion de traduire un récit autobiographique de Salim Miguel, un écrivain de l'État de Santa Catarina. L'auteur était alors journaliste et propriétaire de la seule librairie un peu progressiste dans sa ville de Florianópolis. Deux jours après la prise de pouvoir par l'armée, sa librairie a été incendiée, pas par des militaires, mais par des gens de la ville qui disaient « enfin on a la revanche sur cette petite bande d'intellectuels modernistes, gauchisants, etc. »… en vrac tous ceux qui simplement dérangeaient l'ordre établi. On a mis le feu à sa librairie et lui était terrifié. Il avait à l'esprit, comme tous ceux qui avaient un peu de culture, les images des grands bûchers de livres au début de l'hitlérisme. Ce ne sont pas les militaires, ni la police qui l'ont fait, ce sont des gens de la ville, y compris des gens qu'il connaissait.

Autre anecdote, qui révèle les traces à long terme de cette dictature dans ma famille à Recife, je parle ici de deux personnes aimées que j'ai perdues, mon oncle et ma tante.

J'étais chez eux à Recife en 1995. Mon oncle, au cours d'un récit, dit « oui, à l'époque à la fac, du temps de la dictature » et il se reprend immédiatement « non, il ne faut pas dire la dictature... à l'époque du rétablissement de l'ordre constitutionnel »... Trente ans après le coup d'État, dix ans après le retour à la démocratie, il parlait encore comme ça. Autrement dit, « finalement, heureusement les généraux étaient là et savaient rétablir l'ordre ». J'étais son hôte, je n'allais pas l'embêter, lui poser des questions. J'aurais aimé savoir comment il se représentait le désordre à l'époque. Son épouse, ma tante, vénérait dom Helder Camara, la première fois que je l'avais entendue prononcer ce nom, elle ajoutait aussitôt : « ce saint ». Or, dans les années 2000 lors d'une conversation, elle a été prise d'une sorte de rage quand a été prononcé le nom de Lula, « cet analphabète ! ». Il y avait là encore ce vieux truc très brésilien de la haine contre les gens issus du peuple : on ne respecte que les gens qui ont fait des études... Celui qu'on appelle *doutor* ou *engenheiro*, il a le droit d'aller au pouvoir, de faire de la politique. Mais pour certaines personnes de ma famille, quand Lula fait un discours, c'est l'horreur, car Lula a l'accent de la bonne. La bonne vient de la campagne, elle n'est guère allée à l'école et c'est la bonne qui était au pouvoir. Chez cette femme que j'aimais, il y avait ce cri de haine spontané, cette haine de ce qui est populaire et qui ne reste pas à sa place. Ils acceptent beaucoup de choses, mais que, venant du peuple, on dérange l'ordre où ils vivent... eh bien, les militaires ont raison.

Deuxième chose qui me vient à l'esprit. Nous avons beaucoup parlé aujourd'hui de la violence. Ce qui me frappe et de plus en plus quand je reviens au Brésil, c'est l'omniprésence du verbe tuer, pour un oui et pour un non. Une anecdote a gravé ça dans ma mémoire : dans les années 90, on est à Salvador et on va voir Olodum, le

meilleur groupe de samba-reggae. Le jeune homme qui faisait le concierge du petit hôtel où on logeait nous demande à notre retour : « Comment c'était ? » Nous répondons : « Le groupe n'est pas venu, un autre les a remplacés, car ils étaient en deuil parce qu'un de leurs musiciens est mort. » Immédiatement, le jeune homme nous demande : « Est-ce qu'il est mort de mort tuée, *morte matada*, ou de mort mourue, *morte morrida* ? » Jamais on ne m'aurait posé cette question-là en France ! Il y avait pour lui une chance sur deux qu'il ait été tué.
Cette façon de tuer, de s'entre-tuer, semble aller de soi

Et je voudrais souligner une dernière chose à laquelle vous avez fait discrètement allusion. Plus je réfléchis, plus je lis à propos de l'histoire de l'action des chrétiens progressistes, et à propos de son effacement de la mémoire, y compris de la mémoire populaire, plus il m'apparaît qu'il y a eu un effort méthodique et délibéré, professionnel, de l'organisation du Vatican pour démonter, déconstruire l'Église progressiste brésilienne. Au premier chef, Jean Paul II et le cardinal Ratzinger y ont opiniâtrement travaillé. Il reste des traces de ce christianisme libérateur, mais c'est à reconstruire. Et ce sont eux qui ont fait place à ce qui existe aujourd'hui. Une fois rayée de la carte la théologie de la libération, la théologie populaire dominante au Brésil, c'est ladite théologie de la prospérité qui est celle des évangélistes les plus en vue. « Dieu te bénit pour que tu fasses du pognon » et faire du pognon, ça se fait par un tas de moyens, y compris les pires. Voilà quelques-uns des éléments réunis qui m'ont fait comprendre pourquoi un sociologue brésilien écrit : « On est en train de penser les choses à l'envers, il faut penser Bolsonaro comme un symptôme du bolsonarisme dans la société brésilienne. » Et c'est là que la tâche est immense.

Intervention durant la journée

Docteur Jacques Vedrinne

Je voudrais témoigner de l'émotion que je viens de ressentir après vos propos. Ils m'ont ramené 50 ans en arrière lorsque j'étais avec le Dr Jean Claude Rolland aux urgences du pavillon N de l'hôpital Édouard Herriot. Certes, je ne me suis pas occupé directement de Tito mais, Jean Claude Rolland et Michel Gillet qui étaient des amis, m'en parlaient souvent. Et dans les réunions de service ses problèmes étaient souvent évoqués de même que la stratégie soignante car il apparaît évident, et vous l'avez bien confirmé en rappelant les dernières heures et jours passés en sa présence, il fallait essayer de déloger le bourreau de sa place. Il y avait une solution, assez facile, c'était de le faire taire avec des médicaments à haute dose mais c'était faire taire la victime en même temps ... « silence radio ». Si j'insiste là-dessus c'est qu'actuellement le regain de la chimiothérapie en psychiatrie, au détriment de la l'approche psychothérapique, pose, à mes yeux, quand même question. Et donc l'option de l'équipe c'était d'essayer, par la relation, par la parole, de pouvoir le faire cheminer et dépasser cette situation dans la mesure où la torture est un marqueur tragique de l'histoire des dégradations des relations humaines.
Il faut aussi étendre l'exemple si singulier de Tito. Vous avez évoqué l'Algérie. C'est un problème que j'ai connu aussi à l'occasion de mon service militaire et du témoignage d'un collègue qui était resté pendant presque 2 ans médecin dans un camp d'internement d'algériens du FLN lesquels étaient

torturés systématiquement, et qu'il était amené à soigner. Vous pouvez imaginer les problèmes éthiques posés à ce confrère. A plusieurs reprises, (c'était en 1958), il a essayé d'alerter le conseil de l'Ordre, des associations de défense etc ...Tout cela en vain. Il lui a fallu attendre 20 ans pour qu'il accepte, à ma demande, de venir témoigner dans un congrès international de Médecine Légale en 1979, congrès au cours duquel Roland Ducret et Jean Claude Rolland ont pu parler de Tito et ce collègue a pu parler de son expérience en Algérie...

La mort de Tito pose le problème du suicide vis à vis duquel la réaction sociale a longtemps été défensive et marquée par la réprobation. Tous les gestes suicidaires doivent faire l'objet d'une interrogation, et à chaque fois on se demande comment il aurait été possible d'éviter, de prévenir ce comportement qui est spécifiquement humain. Il y a un moment où certains actes, qu'on appelle suicide, (autrefois certains disaient "porter la main sur soi", "attenter à ses jours"...) renvoient autour de ce geste souvent assez difficile à définir. Celui de Tito, comme d'autres qui mettent en jeu leur vie (cf : des gestes d'immolation), pour protester contre une atteinte intolérable aux fondements de la condition humaine, processus caractéristique de certains régimes politiques, comporte une dimension sacrificielle... Suicide, sacrifice c'est un thème de discussion pour une journée. Voilà quelques réflexions que m'inspire tout ce que j'ai entendu ce matin.

© 2023 Xavier Pollart
Édition : BoD - Books on Demand, info@bod.fr
Impression : BoD - Books on Demand, In de Tarpen 42,
Norderstedt (Allemagne)
Impression à la demande
ISBN : 978-2-3221-4538-6
Dépôt légal : mars 2023